高等职业技术院校公路类专业教材

公路工程施工组织与概预算习题册

中国劳动社会保障出版社

简　　介

本习题册是高等职业技术院校公路类专业教材《公路工程施工组织与概预算》的配套用书。本习题册紧扣教学要求，按照教材模块、任务顺序编排，知识点分布均衡，题型丰富，难易配置适当，有助于学生复习巩固所学知识。

本习题册由王永主编，柴金玲、贾彦丽、施钧、刘艳、张晓峰参加编写。

图书在版编目(CIP)数据

公路工程施工组织与概预算习题册/王永主编. —北京：中国劳动社会保障出版社，2013
高等职业技术院校公路类专业教材
ISBN 978－7－5167－0587－2

Ⅰ.①公…　Ⅱ.①王…　Ⅲ.①道路工程-施工组织-高等职业教育-习题集②道路工程-概算定额-高等职业教育-习题集③道路工程-预算定额-高等职业教育-习题集　Ⅳ.①U415－44

中国版本图书馆 CIP 数据核字(2013)第 206824 号

中国劳动社会保障出版社出版发行
(北京市惠新东街 1 号　邮政编码:100029)
出 版 人:张梦欣
*
郑州市运通印刷有限公司印刷装订　新华书店经销
787 毫米×1092 毫米　16 开本　5.75 印张　135 千字
2013 年 8 月第 1 版　2022 年 6 月第 3 次印刷
定价:11.00 元

读者服务部电话:(010)　64929211/84209101/64921644
营销中心电话:(010)　64962347
出版社网址:http://www.class.com.cn
http://jg.class.com.cn

目　录

绪　论

一、填空题（请将正确答案填在横线空白处）

1. 施工方案一般是以分部（分项）工程或专项工程为单位编制的施工技术与组织方案，用以指导具体施工过程，其中包括________________、________________、____________、__________和______________。

2. ______________是施工组织设计的中心内容，要保证建设工程按合同规定的期限交付使用，从实际出发，注意施工的__________和__________。

3. 施工平面图布置是在满足运输组织及运输技术条件要求的前提下，结合施工场地的自然条件，合理地确定拟建__________________、__________、__________、__________等设施的平面位置。

4. 施工准备工作不仅在开工前要做，开工后也要做，它是有__________、有__________、有__________、分阶段地贯穿于整个工程建设。

二、选择题（请在下列选项中选择一个正确答案填在括号内）

1. 建立和完善基本建设（　　），对加强基本建设管理与施工，提高投资效益都具有极重要的意义。

A. 岗位责任制度　　B. 施工制度

C. 预算制度　　D. 造价制度

2. 随着我国社会主义市场经济体制的建立和发展，施工任务主要通过参加投标，通过建筑市场中的平等竞争而取得，投标书中不可缺少的一部分内容就是（　　）。

A. 招投标报价　　B. 概预算

C. 监理管理　　D. 施工组织设计

三、判断题（判断正误并在括号内填"√"或"×"）

1. 公路建设是一个复杂过程，从规划、测设、施工到竣工养护，每一个过程都离不开施工组织和施工管理。（　　）

2. 公路工程施工组织与概预算就是要统筹考虑整个施工过程，对人力、材料、机械、资金、施工方法、施工现场（空间）等要素进行分配。（　　）

3. 施工准备工作是指工程施工前所做的一切工作。（　　）

4. 施工方案可根据项目大小确定，有些项目简单、工期短，就不需要制定复杂的施工方案。（　　）

5. 现代交通运输业是由公路、航空、水运及管道运输等组成的。（　　）

四、简答题

1．公路施工组织与概预算在公路工程基本建设中有哪些作用？

2．公路施工组织与概预算和施工年度投资计划及工程造价有哪些关系？

模块一　公路施工组织及准备工作

任务一　认识公路施工组织

一、填空题（请将正确答案填在横线空白处）

1. 公路施工组织是规划和指导公路工程从__________、__________、______________到______________全过程的一个综合性的技术经济文件。

2. 公路施工组织是一个总体的概念，根据__________、__________和__________________不同，在编制的深度和广度上也有所不同。

3. 施工方案是指对工程施工所做的总体设想和安排。它是根据__________、__________和__________，把__________、__________、__________最有效地组合在一起。

4. 公路施工的组织程序主要包括_________________________、__________、__________和__________。

5. _______________________________是全面考核公路设计成果，检验设计和施工质量的重要环节。

二、选择题（请在下列选项中选择一个正确答案填在括号内）

1. 总体施工组织是以（　　）为对象编制的，用以指导整个建设项目施工全过程的各项施工活动的全局性、控制性的指导文件。

A. 整个建设项目　　B. 一个单位工程

C. 单项工程　　D. 分部（分项）工程

2. 公路施工组织按编制阶段的不同可分为设计阶段的施工组织和（　　）的施工组织。

A. 准备阶段　　B. 施工阶段　　C. 竣工阶段　　D. 验收阶段

3.（　　）可以指导投标和签订工程承包合同，是投标书和合同文件的重要组成部分。

A. 施工组织　　B. 招标文件　　C. 投标文件　　D. 工程造价

4. 竣工验收的具体工作由（　　）负责完成。

A. 项目部　　B. 建设单位　　C. 验收委员会　　D. 施工单位

5. 技术档案在工程竣工验收后，由（　　）汇集整理、装订成册，按管理等级建档保存，以备查用。

A. 监理单位　　B. 设计单位　　C. 建设单位　　D. 施工单位

三、判断题（判断正误并在括号内填“√”或“×”）

1. 公路施工组织按编制时间的不同分为两类：一类是投标前编制的施工组织，另一类

是中标后编制的施工组织。（　）

2. 在开工报告得到批准后，才能开始正式施工。施工应严格按照设计图样进行，如需要变更，必须事先按规定程序报项目经理批准。（　）

3. 为了保质保量按期完成施工任务，每项工程都需要建设、设计、施工、监理等单位密切配合，材料、动力、运输等各部门的通力协作，还需要地方各级政府部门和施工沿线各相关单位的大力支持。（　）

4. 施工进度计划是在选择好施工方案后，对建筑产品的施工顺序、开竣工时间以及相互衔接关系在时间上的安排。（　）

5. 公路工程类型多种多样，标准化难度大，必须个别设计，施工组织也需个别进行。相同技术等级的公路可采用同样的施工组织。（　）

四、简答题

1. 公路施工组织的作用是什么？

2. 简述编制公路施工组织计划的步骤。

3．公路施工有哪些特点？

4．公路施工的组织程序是什么？

任务二　认识公路施工组织准备工作

一、填空题（请将正确答案填在横线空白处）

1．编制施工组织所需要的基础资料，通常包括速设地点的__________和______________的资料。

2．施工准备的核心是__________。

3．施工前的设计技术交底一般由_________主持，__________、__________和__________参加。

4．__________是编制施工组织首先要确定的问题，也是决定其他内容的基础。

5．______________是施工准备工作的重要组成部分，也是指导施工现场全部生产活动的基本技术经济文件。

二、选择题（请在下列选项中选择一个正确答案填在括号内）

1．为编制设计阶段的施工组织设计文件，（　　）在野外勘察阶段由调查组进行原始资料的调查、收集。

A. 建设单位　　B. 设计单位　　C. 施工单位　　D. 监理单位

2. (　　) 是施工企业内部控制各项成本支出、考核用工、签发施工任务单、限额领料以及基层进行经济核算的依据。

A. 施工预算　　B. 工程造价　　C. 设计概算　　D. 竣工决算

3. 劳动力组织准备不包括(　　)。

A. 建立施工组织机构　　B. 设置施工班组

C. 人员进场与培训　　D. 资源准备

4. “三通”不包括(　　)。

A. 路通　　B. 水通　　C. 电通　　D. 暖通

5. 建设地区自然条件资料一般由(　　)提供，但为了能更好地建设，需要通过现场实地考察等方式来取得。

A. 设计单位　　B. 建设单位　　C. 施工单位　　D. 监理单位

三、判断题(判断正误并在括号内填“√”或“×”)

1. 为编制施工阶段的施工组织设计文件而进行的原始资料调查，是由施工单位在施工准备阶段进行的，是对设计阶段调查结果的复核和补充。(　　)

2. 施工预算是根据施工图样、施工组织设计或施工方案、施工定额等文件进行编制的。(　　)

3. 交底工作应按照管理系统自下而上逐级进行。(　　)

4. 施工中需要的工种很多，对直接为施工服务的工种及其他缺乏的工种或对技术水平要求较高的工种，进场前无须进行技术、质量、安全操作、消防和文明施工等方面的培训。(　　)

5. 在单位工程或分部分项工程开工之前，应详尽地向施工班组和操作工人进行技术交底，以保证工程能严格按照设计图样、施工组织设计、施工技术规范、安全操作规程和施工质量检验评定标准的要求进行施工。(　　)

四、简答题

1. 公路施工组织需要哪些基础资料?

2．公路施工组织准备工作分为哪几类？

3．公路施工准备工作有哪些内容？

4．公路施工技术准备包括哪些工作？

模块二　施工方案的制定

任务一　选择施工方法

一、填空题（请将正确答案填在横线空白处）

1. 拟订__________是编制各类施工组织设计时需首要解决的问题。

2. ______________就是编制施工方案、修正施工方案、施工组织计划、指导性施工组织设计和实施性施工组织设计文件的统称。

3. 施工组织计划由__________、______________、__________________、____________________、______________、__________________和__________________文件组成。

4. 石方开挖主要是根据施工对象的软硬程度选择施工方法，通常分为__________和__________两种。

5. 路面工程包括__________、__________________和______________。

6. 桥涵主体一般都由__________、__________和__________三部分组成。

7. 根据隧道的挖掘方式，隧道施工方法分为两类，即__________和__________。

8. __________是施工单位选择施工方法的主要因素。

9. 施工单位的__________与__________优势是选择施工方法的基础。

10. 悬臂施工法所使用的主要设备是__________。

11. 石方开挖方法有__________、__________和__________。

二、选择题（请在下列选项中选择一个正确答案填在括号内）

1. 拟订切实可行的（　　）是编制施工组织设计的关键环节，也是决定工程项目施工成效的关键因素。

　A. 材料计划表　　B. 施工方案

　C. 工程进度图　　D. 公路临时用地表

2. 下列不属于施工方案编制原则的是（　　）。

　A. 编制施工方案应满足业主的工期要求　　B. 施工方案应切实可行

　C. 确保生产安全　　D. 保护生态环境

3. 路基填方最基本的施工方法是（　　）。

　A. 水平分层填筑法　　B. 水平填筑法

　C. 分层填筑法　　D. 回填夯实法

4. 下列不属于路堑开挖方法的是（　　）。

　A. 横挖法　　B. 纵挖法　　C. 斜挖法　　D. 混合法

5. 拌和机的生产能力应与摊铺能力相匹配，最好高于摊铺能力（　　）左右。

A. 2%　　B. 5%　　C. 10%　　D. 20%

三、判断题（判断正误并在括号内填“√”或“×”）

1. 施工单位的技术与设备优势是选择施工方法的基础。（　　）
2. 当挂篮安装就位后，不可立即在其上进行梁段悬臂浇筑作业。（　　）
3. 施工工期是施工单位选择施工方法的主要因素。（　　）
4. 在山岭重丘区和城市附近施工时，安全环保问题更为突出。（　　）
5. 一个中标单位可供利用的资源主要由单位固有资源和社会资源两部分组成。（　　）

四、简答题

1. 选择施工方法的基本原则是什么?

2. 选择施工方法有哪些依据?

3. 移动模架逐孔施工的主要特点是什么?

任务二　选择施工机械

一、填空题（请将正确答案填在横线空白处）

1．__________施工可优化社会资源，节约社会劳动。

2．推土机的特点是__________________、__________、__________、______________ __________、________________________。

3．平地机是一种以__________为主，配以其他多种可换作业装置，进行土地平整和整形连续作业的筑路机械。

4．装载机的基本作业有__________、__________、__________和__________四个工作过程。

5．压实机械按加载方式不同分为_________________、_________________和_________三类。

6．光轮压路机的线压力较小，压实深度也浅，而且压实不均匀，不适于__________、__________、__________的碾压。

7．稳定土厂拌设备是将_________、_________、_________、_________、____________和_________等材料按施工配合比在固定地点拌和均匀的专用设备。

8．水泥混凝土搅拌站有_________________、_________________、__________________等形式。

二、选择题（请在下列选项中选择一个正确答案填在括号内）

1．混凝土输送泵配有特殊管道，可以将混凝土输送到一定水平距离和高度，沿水平方向可运达200～700 m，沿垂直方向可运达（　　）m。

A．100　　B．105　　C．110　　D．115

2．钻孔机按成孔方法分为螺旋式、冲抓式、潜水式和振动式四种，其中（　　）属于挤土成孔。

A．振动式　　B．潜水式　　C．冲抓式　　D．螺旋式

3．现代盾构掘进机集光、机、电、液、传感、信息技术于一体，下列不属于其功能的是（　　）。

A．开挖切削土体　　B．拼装隧道衬砌　　C．输送土渣　　D．测量

4．水平运输机械包括载重汽车、自卸汽车、（　　）、运油加油汽车、洒水汽车及各种拖拉机等。

A．混凝土搅拌运输车　　B．装载机

C．平板拖车　　D．挖掘机

5．公路工程使用的载重汽车一般分为中型货车、重型货车、超重型货车，其中一般重型货车装载质量为（　　）。

A．3～5 t　　B．6～15 t　　C．4～12 t　　D．15 t以上

三、判断题（判断正误并在括号内填“√”或“×”）

1. 自卸汽车是水平运输快捷、自动卸除的汽车。（　　）

2. 工期和施工进度是合理选择机械的重要依据。（　　）

3. 施工机械经济性选择的基础是施工单价，主要与机械固定资产消耗及运行费等因素有关。（　　）

4. 土、石是机械施工的主要对象，其性质和状态直接影响施工机械作业的质量、工效及成本等，因此，土质条件是选择机械的一个重要依据。（　　）

5. 沥青混合料拌和机是修建沥青混合料路面机械化的主体机械，其生产能力的大小是确定其他设备数量的重要依据。（　　）

四、简答题

1. 机械化施工组织设计的内容有哪些?

2. 机械化施工常用的施工机械有哪些?

3. 选择施工机械时有哪些原则?

4. 施工机械有哪些选择方法？

任务三　确定施工方式与施工顺序

一、填空题（请将正确答案填在横线空白处）

1. 服务施工过程是指为__________________和__________________服务的各种服务过程。

2. 组织公路工程施工必须研究施工过程的最小要素，以适应__________、__________、__________等工作。

3. 施工过程的连续性与__________________有关，同时也与________________________有关。

4. 在施工过程中，由于__________、______________、__________________等的影响，会使实际生产能力发生变化，造成产品比例失调。

5. 公路施工过程的空间组织主要解决如何设置__________和__________以及__________及其__________、__________在施工过程中的空间（或平面）布置问题。

二、选择题（请在下列选项中选择一个正确答案填在括号内）

1. 在施工组织设计时，一般把工序作为（　　）的施工过程要素。

A. 最小　　B. 最大　　C. 一般　　D. 较大

2. 施工生产过程的（　　）在很大程度上取决于施工组织设计的正确性。

A. 均衡性　　B. 协调性　　C. 经济性　　D. 连续性

3. 从施工组织条件来看，常见的施工顺序方法不包括（　　）。

A. 顺序作业法　　B. 平行作业法　　C. 流水作业法　　D. 交叉作业法

4. 选择施工方式要在保证工期的前提下，以提高经济效益为目的，充分贯彻连续性原则，优先采用（　　）组织施工，保持均衡生产，充分挖掘施工潜力，避免施工资源的损失与浪费，降低施工成本，提高经济效益。

A. 顺序作业法　　B. 平行作业法　　C. 流水作业法　　D. 交叉作业法

5. 按施工过程所需劳动性质及在基本建设中起的作用不同，可将施工过程划分为几个过程，其中不包括（　　）。

A. 施工准备过程　　B. 基本施工过程

C. 辅助施工过程　　　　　　　　　　　D. 竣工验收过程

三、判断题（判断正误并在括号内填“√”或“×”）

1. 操作过程是由几个在技术上相互关联的工序组成的，可以相对独立完成某一分部、分项工程。（　　）

2. 平行作业资源投入量小，但由于是间歇作业，不能充分发挥设备潜力。（　　）

3. 拟订切实可行的施工方案是编制施工组织设计的关键环节，也是决定工程项目施工成效的关键因素。（　　）

4. 采用不同的施工顺序，将会产生不同的时间组织成果，对总工期的影响不大。（　　）

5. 针对同样的施工项目，选择不同的施工方式组织生产，其作业周期一样。（　　）

四、简答题

1. 公路施工过程的定义是什么？

2. 公路施工过程的组织原则是什么？

3. 如何选择施工作业方式？

4. 安排施工顺序的原则是什么?

5. 确定施工顺序的方法有哪些?

任务四　确定施工技术组织措施

一、填空题（请将正确答案填在横线空白处）

1. ________________是工程项目施工组织设计必不可少的内容。

2. 在施工中对工期影响大的重点工程，要优先保证__________和__________的供应，加强施工__________和__________。

3. 公路工程建设必须遵循________________________的建设方针，进行__________、__________、__________的施工质量控制，提高施工过程中全体人员的质量意识，加强和保证施工质量。

4. 建筑行业实行经营资质管理和各类专业从业人员________________是保证人员素质的重要管理措施。

5. ____________________________是施工组织设计的重要组成部分，是具体安排和指导工程安全施工的安全管理与技术文件。

二、选择题（请在下列选项中选择一个正确答案填在括号内）

1. 潮湿和易触电、带电场所的照明供电电压应不大于（　　）V。

A. 12　　B. 24　　C. 36　　D. 48

2. 照明线必须按规定正式架设，不准乱拉、乱接，应由专业电工安装，库房照明灯不准超过（　　）W。

A. 50　　B. 100　　C. 150　　D. 200

3. 对于现场配备消防器材，应根据工程情况，在结构施工阶段，每 50 m^2 灭火器不少于（　　）瓶。

A. 1　　B. 2　　C. 3　　D. 4

4. 施工现场应设消防泵房，24 h 有人值班，竖管每隔（　　）层设一出水口，且配套齐全。

A. 1　　B. 2　　C. 3　　D. 4

5. 施工现场消火栓、灭火器材四周（　　）m 之内不准堆放物品，不得埋压圈占或挪作他用。

A. 1　　B. 2　　C. 3　　D. 4

三、判断题（判断正误并在括号内填“√”或“×”）

1. 消防设施、器材必须每年维修及保养三次，不能使用过期的灭火器材，应确保消防设施、器材灵敏、有效、好用。（　　）

2. 在施工现场、生活区，用明火必须上报保卫部。生火时可用汽油、煤油等液体引火。（　　）

3. 单位工程在开工前 15 天，应到主管部门办理“工程施工现场安全许可证”。（　　）

4. 制定施工安全技术组织措施应遵循“消除、预防、减少、隔离、个体保护”的原则。（　　）

5. 加强环境管理，改进作业条件，把握好技术环境，辅以必要的措施，是控制环境对施工质量影响的重要保证。（　　）

四、简答题

1. 施工技术组织措施有哪些作用？

2．影响施工进度的主要因素有哪些？

3．影响施工质量的主要因素有哪些？

4．施工质量技术组织措施有哪些基本内容？

5. 影响施工安全的主要因素有哪些?

6. 施工环境保护技术组织措施的基本内容是什么?

模块三　施工进度计划的编制

任务一　编制施工进度横线图

一、填空题（请将正确答案填在横线空白处）

1．施工进度计划主要由________来表达。

2．施工进度图按其形式分为________、________和________。

3．横线图常用的是________和________两种表现形式。

4．网络图是由________和________组成的，用来表示________的有序、有向的网状图形。

5．常见的网络计划有________、________、________、________、________等形式。

6．在公路施工过程中，公路施工的时间组织有三种基本作业方法，即________、________、________。

7．施工单位根据能达到的生产力水平和流水强度确定________和________。

8．流水施工主要参数包括________、________和________。

9．流水作业法是一种比较科学的施工组织方法，它建立在________、________和________的基础上。

10．用________、________两个参数表达流水作业在空间布置上所处的状态，这些参数称为空间参数。

二、选择题（请在下列选项中选择一个正确答案填在括号内）

1．下列各图不属于建设工程进度计划的表现方式的是（　　）。

A．横线图　　B．垂直图　　C．网络图　　D．施工图

2．流水步距属于（　　）。

A．工艺参数　　B．空间参数　　C．时间参数　　D．流水参数

3．下述组织施工的方式中，工期最短的是（　　）。

A．依次施工　　B．平行施工　　C．流水施工　　D．搭接施工

4．用横线图表示的建设工程进度计划一般包括两个基本部分，即（　　）。

A．左侧的工作名称和右侧的横道线

B．左侧的横道线和右侧的工作名称

C．左侧的工作名称及工作的持续时间等基本数据和右侧的横道线

D．右侧的工作名称及工作的持续时间等基本数据和左侧的横道线

5. 流水施工可以避免（　　）。

A. 技术间歇　　B. 组织间歇　　C. 窝工　　D. 施工停歇

6. 最科学的施工进度计划表是（　　）。

A. 横线图　　B. 斜线图　　C. 折线图　　D. 网络图

7. 建设工程进度网络计划与横道计划相比，其主要优点是能够（　　）。

A. 明确表达各项工作之间的逻辑关系

B. 直观表达工程进度计划的计算工期

C. 明确表达各项工作之间的搭接时间

D. 直接表达各项工作的持续时间

8. 与网络计划相比，横线图进度计划法的特点是（　　）。

A. 适用于手工编制计划

B. 工作之间的逻辑关系表达清楚

C. 能够确定计划的关键工作和关键线路

D. 适用于大型项目的进度计划系统

9. 下列表述不正确的是（　　）。

A. 横线图的优点是简单、直观、易懂、容易编制

B. 横线图中工程量的实际分布情况不清楚，也无法表示

C. 横线图中施工日期和施工地点的关系不明确，即什么日期在什么地点施工不明确

D. 横线图能表示各工程项目之间的衔接情况及施工专业队之间的相互配合关系

10. 下列关于施工进度计划基本作业方法表述不正确的是（　　）。

A. 三种基本作业方法是顺序作业法、平行作业法、流水作业法

B. 三种作业方法既可以单独运用，也可以综合运用

C. 顺序作业法、平行作业法、流水作业法及其综合运用法可以用横线图表示

D. 顺序作业法、平行作业法、流水作业法及其综合运用法不可以用网络图表示

11. 专业工作队在一个施工段上的施工作业时间称为（　　）。

A. 工期　　B. 流水步距　　C. 自由时差　　D. 流水节拍

12. 流水施工（　　）。

A. 能够降低劳动生产率

B. 能够保证施工连续、均衡、有节奏地进行

C. 能够导致工人劳动强度增大

D. 不能实施专业化施工

13. 流水施工的表达方式有（　　）。

A. 网络图和横线图　　B. 网络图、横线图和垂直图

C. 网络图、甘特图和垂直图　　D. 横线图和甘特图

14. 两相邻工序的专业队（组）相继投入同一（第一）施工段开始工作的时间间隔称为（　　）。

A. 流水展开期　　B. 流水步距　　C. 流水强度　　D. 流水节拍

15. 流水施工时间参数不包括（　　）。

A. 流水展开期　　B. 流水步距　　C. 流水强度　　D. 流水节拍

三、判断题（判断正误并在括号内填“√”或“×”）

1. 流水节拍的长短影响总工期，所以流水节拍越短越好。（　）

2. 流水步距越大，总工期就越长；反之，流水步距越小，总工期就越短。（　）

3. 流水步距的大小取决于相邻两个施工过程（或专业工作队）在各个施工段上的流水节拍。（　）

4. 流水强度越大，专业队应配备的机械、需用的人工及材料等也就越多，工作面相应增大，施工期限将会缩短。（　）

5. 相对于流水作业法，平行作业法是一种比较科学的施工组织方法，它建立在合理分工、紧密协作和大批量生产的基础上。（　）

6. 顺序作业法、平行作业法、流水作业法及其综合运用法既可以用横线图表示，也可以用网络图表示。（　）

7. 用流水作业法组织施工时，施工段的数量和工作面的大小必须满足一定的要求，才能更好地发挥流水作业法的优越性。（　）

8. 通过对顺序作业法、平行作业法、流水作业法的比较，可以发现平行作业法是一种比较科学的施工组织方法。（　）

9. 横线图常用横向工段式和横向工序式两种表现形式。（　）

10. 施工进度图按其形式分为横线图、垂直图和网络图。（　）

四、简答题

1. 施工进度计划的编制依据有哪些？

2. 编制施工进度计划的作用有哪些？

3．施工进度计划的编制步骤是什么？

4．横线图的优缺点是什么？

5．流水作业法的特点是什么？

任务二　认识施工进度网络图

一、填空题（请将正确答案填在横线空白处）

1．施工进度计划网络图按表示方法不同分为________________和________________，按有无时间坐标分为________________和________________。

2．双代号网络图由三个要素组成，即__________、__________和__________。

3．一个网络图中的线路往往有多条，在各条线路中，所有工作的持续时间之和最长的线路称为__________。除关键线路之外的其他线路都称为______________。

4．单代号网络图中从起点节点出发，沿着箭头方向连续通过一系列箭线和节点，直至到达终点节点的通路称为__________。

5. 单代号网络计划图是以__________________绘制的网络图。

二、选择题（请在下列选项中选择一个正确答案填在括号内）

1. 在双代号网络图中，虚工作（虚箭线）表示工作之间的（　　）。

A. 时间间歇　　B. 搭接关系　　C. 逻辑关系　　D. 自由时差

2. 双代号网络计划图中节点是箭线之间的连接点，网络图中既有内向箭线又有外向箭线的节点称为（　　）。

A. 中间节点　　B. 起点节点　　C. 终点节点　　D. 交接节点

3. 某双代号网络图有 A、B、C、D、E 五项工作，其中 A、B 完成后 D 开始，B、C 完成后 E 开始。能够正确表达上述逻辑关系的图形是（　　）。

A. 图 1　　B. 图 2　　C. 图 3　　D. 图 4

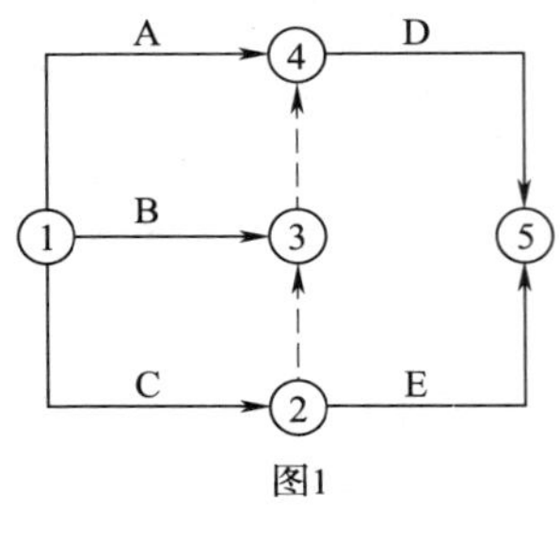

图1

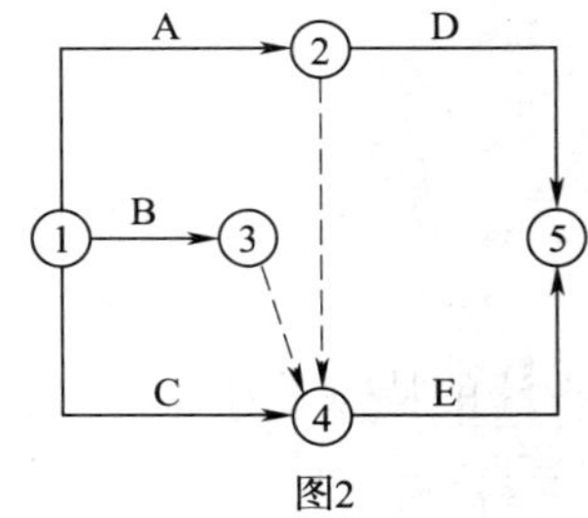

图2

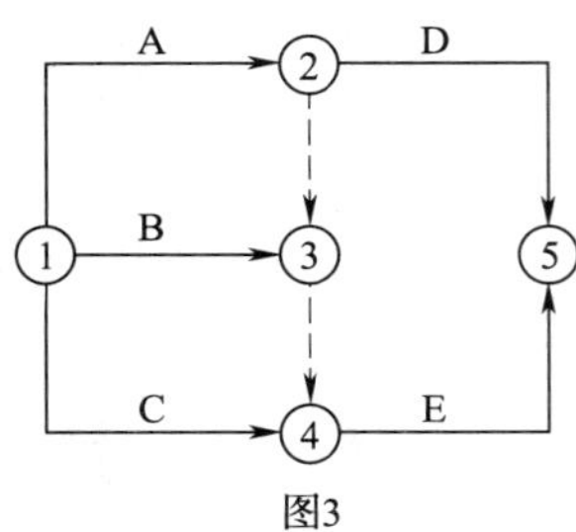

图3

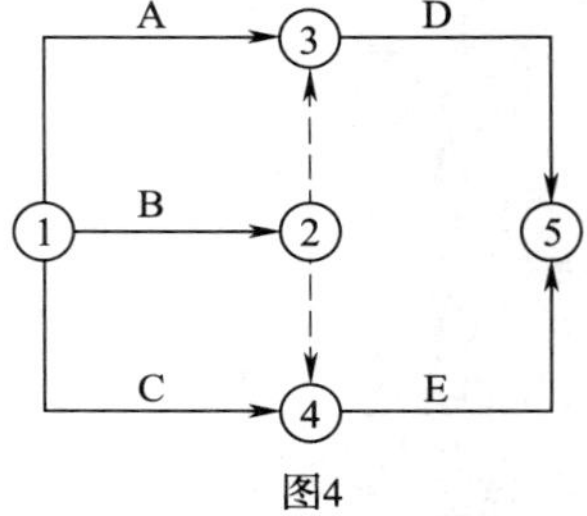

图4

4. 关于双代号网络计划图中的虚箭线，下列说法中不正确的是（　　）。

A. 虚箭线主要用来表达相关工作的逻辑关系

B. 虚箭线所代表的工作不消耗时间

C. 虚箭线代表的可能是虚工作也可能是实工作

D. 虚箭线所代表的工作不消耗资源

5. 单代号网络图的基本符号中箭线表示（　　）。

A. 工作名称　　B. 一项工作

C. 工作持续时间　　D. 紧邻工作之间的逻辑关系

6. 某分部工程的双代号网络图如下图所示，错误之处是（　　）。

A. 节点编号不对　　B. 有多余虚工作

C. 存在循环回路　　D. 有多个起点节点

7. 某工程双代号网络图如下图所示，由 A、B、C、D、E 五项工作组成，则 E 工作的紧前工作为（　　）。

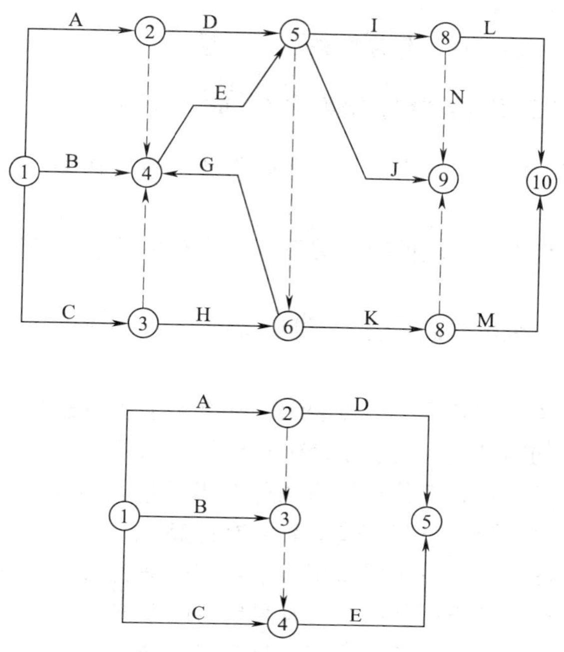

A. 工作 A、工作 B

B. 工作 B、工作 C

C. 工作 A、工作 C

D. 工作 C、工作 D

8. 在建设工程常用网络计划表示方法中，（　　）是以箭线及其两端节点的编号表示工作的网络图。

A. 双代号网络图

B. 单代号网络图

C. 单代号时标网络图

D. 单代号搭接网络图

9. 下列各图为某网络图中的一部分，满足工作 A、B、C 均完成后进行工作 D，工作 B、C 均完成后进行工作 E 的要求的图是（　　）。

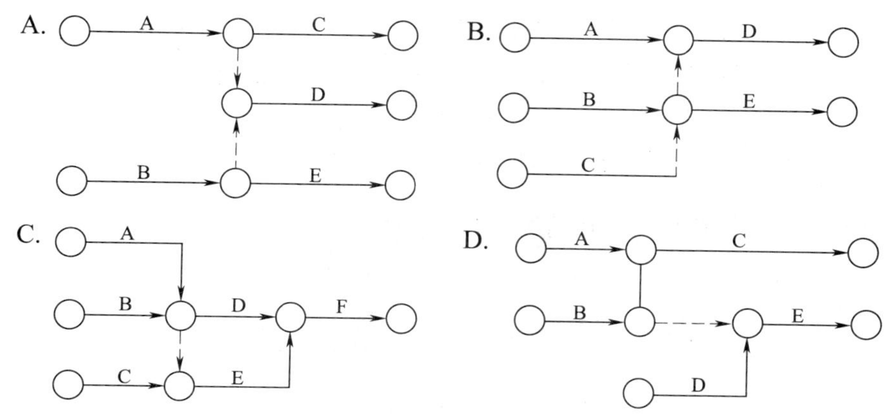

10. 网络计划比横线图计划先进的主要特征是（　　）。

A. 可以找出关键线路

B. 可以明确各项工作的机动时间

C. 可以利用计算机进行

D. 能够明确表达各项工作之间的逻辑关系

三、判断题（判断正误并在括号内填“√”或“×”）

1. 箭线表示一项工作，它代表了某个专业队（工序）在某个施工段上的操作过程。 （ ）

2. 节点表示工作与工作之间的衔接关系，它具有相对性，仅代表后一项工作的开始。 （ ）

3. 流代表线路从头至尾连成一线，说明了各项工作的工艺关系，表示完成某些操作过程所需消耗的各种资源。 （ ）

4. 一个工作用一条箭线和两个节点表示，常有实工作和虚工作两种。 （ ）

5. 节点指网络图的箭杆进入或引出处带有编号的圆圈。 （ ）

6. 与单代号网络图相比，双代号网络图的逻辑关系容易表达，绘图简便，便于检查修改；单代号网络图没有虚箭线，产生逻辑错误的可能较小。 （ ）

7. 在单代号网络图中，节点可以采用方框或矩形框表示，不能采用圆圈。 （ ）

8. 单代号网络图中的节点必须编号，其号码可间断但严禁重复。 （ ）

9. 单代号网络图中关键线路的确定方法与双代号网络图不同。 （ ）

10. 单代号网络图中的箭线应画成水平直线，不得画成斜线，且箭线水平投影的方向应自左向右。 （ ）

四、简答题

1. 简述时间坐标网络图的优缺点。

2. 简述时间坐标网络图的适用情况。

任务三　编制施工进度网络图

一、填空题（请将正确答案填在横线空白处）

1. 在双代号网络图中，虚工作一般起__________、__________和（或）__________作用。

2. 节点时间参数的计算方法有__________、__________、__________、__________、__________。

3. 若工作的最早开始时间等于工作的最迟开始时间，即 ES = LS，则说明此工作没有时差，为__________。

4. 时差反映工作在一定条件下的机动时间范围，通常分为__________、__________、__________和__________。

5. 当单代号网络图中有多项起点节点或多项终点节点时，应在网络图的两端分别增加一个虚拟的__________和__________。

6. 在绘制网络图时，应避免箭线交叉，当交叉不可避免时，可采用__________或__________。

7. 时间坐标网络计划图可以按______________、______________标画。

8. 计算网络图时间参数的目的在于通过网络图上各项工作和各个节点的时间参数的计算，找出网络图中的关键线路并进行网络计划的__________、__________和______________。

9. 网络计划的时间参数按其特性可分为__________________和______________两类。

10. 时间坐标网络计划图主要供计划管理人员__________和______________________。

二、选择题（请在下列选项中选择一个正确答案填在括号内）

1. 双代号网络计划图中有（　　）。

   A. 多个起点节点和一个终点节点

   B. 一个起点节点和多个终点节点

   C. 一个起点节点和一个终点节点

   D. 多个起点节点和多个终点节点

2. 在网络计划中，若某项工作的（　　）最小，则该工作必为关键工作。

   A. 自由时差　　B. 持续时间　　C. 时间间隔　　D. 总时差

3. 单代号网络计划中某工作与其紧后工作之间的时间间隔应等于（　　）。

   A. 其紧后工作的最早开始时间与该工作的最早结束时间之差

   B. 其紧后工作的最早开始时间与该工作的最早完成时间之差

   C. 其紧后工作的最迟开始时间与该工作的最迟完成时间之差

   D. 其紧后工作的最早完成时间与该工作的最早完成时间之差

4. 关于自由时差和总时差，下列说法错误的是（　　）。

   A. 自由时差为零，总时差必定为零

B. 总时差为零，自由时差必定为零

C. 在不影响总工期的前提下，工作的机动时间为总时差

D. 在不影响紧后工作最早开始的前提下，工作的机动时间为自由时差

5. 某双代号网络图如下图所示，引入虚工作 2—3 是为了表示（　　）。

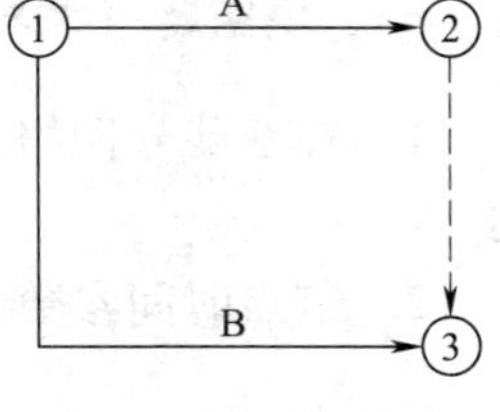

A. 对 A、B 两项工作的代号加以区分

B. A、B 两项工作不能同时结束

C. 工作 A 完成后，工作 B 才能开始

D. A、B 两项工作必须同时结束

6. 在工程双代号网络计划中，某项工作的最早完成时间是指其（　　）。

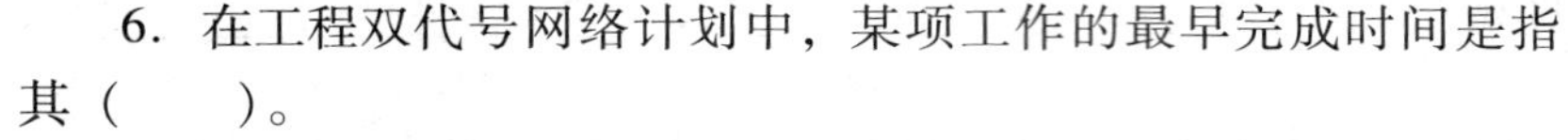

A. 开始节点的最早时间与工作总时差之和

B. 开始节点的最早时间与工作持续时间之和

C. 完成节点的最迟时间与工作持续时间之差

D. 完成节点的最迟时间与工作自由时差之差

7. 某工程单代号网络计划图如下图所示，其关键线路为（　　）。

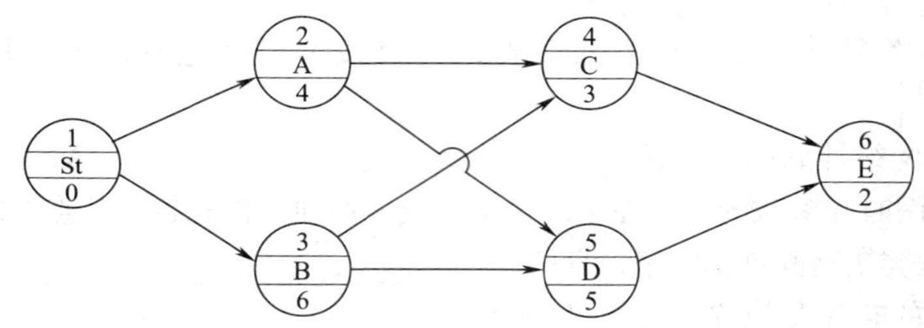

A. 1—2—4—6　　B. 1—3—4—6　　C. 1—3—5—6　　D. 1—2—5—6

8. 在双代号网络计划中，如果生产性工作 M 和 N 之间的先后顺序关系属于工艺关系，则说明它们的先后顺序是由（　　）决定的。

A. 劳动力调配　　B. 原材料供应　　C. 工艺过程　　D. 资金需求

9. 已知在双代号网络计划中某工作有四项紧后工作，它们的最迟开始时间分别为 17 天、20 天、22 天和 25 天。如果该工作的持续时间为 6 天，则其最迟开始时间为（　　）天。

A. 11　　B. 14　　C. 16　　D. 19

10. 在单代号网络计划中，设 H 工作的紧后工作有 I 和 J，总时差分别为 3 天和 4 天，工作 H、I 之间的时间间隔为 8 天，工作 H、J 之间的时间间隔为 6 天，则工作 H 的总时差为（　　）天。

A. 5　　B. 8　　C. 10　　D. 12

11. 假设工作 C 的紧前工作仅有 A 和 B，它们的最早开始时间分别为 5 天和 7 天，持续时间分别为 4 天和 6 天，则工作 C 的最早开始时间为（　　）天。

A. 10　　B. 11　　C. 12　　D. 13

12. 在工程网络计划执行过程中，当某项工作的最早完成时间推迟天数超过其自由时差时，将会影响（　　）。

A. 该工作平行工作的最早开始时间　　B. 该工作紧后工作的最早开始时间

C. 本工作的最迟完成时间　　D. 该工作紧后工作的最迟完成时间

13. 在工程网络计划的执行过程中，发现某工作的实际进度比其计划进度拖后 5 天，影响总工期 2 天，则该工作原来的总时差为（　　）天。

A. 2　　B. 3　　C. 5　　D. 7

14. 某工程计划中 A 工作的持续时间为 5 天，总时差为 10 天，自由时差为 4 天。如果 A 工作实际进度拖延 14 天，则会影响工程计划工期（　　）天。

A. 9　　B. 8　　C. 10　　D. 4

15. 已知某工作 i—j 的持续时间为 5 天，其中 i 节点的最早时间为 19 天，最迟时间为 22 天，则该工作的最早完成时间为（　　）天。

A. 18　　B. 22　　C. 24　　D. 39

16. 当某工程网络计划的计划工期大于计算工期时，关键工作的（　　）。

A. 总时差为零　　B. 总时差均大于零

C. 自由时差为零　　D. 自由时差均大于零

17. 工作 A 的工作持续时间为 3 天，该工作有三项紧后工作，工作持续时间分别为 4 天、6 天、3 天；最迟完成时间分别为 16 天、12 天、11 天，则工作 A 的最迟开始时间为（　　）天。

A. 6　　B. 3　　C. 8　　D. 12

18. 某分部工程双代号网络计划图如下图所示，其关键线路有（　　）条。

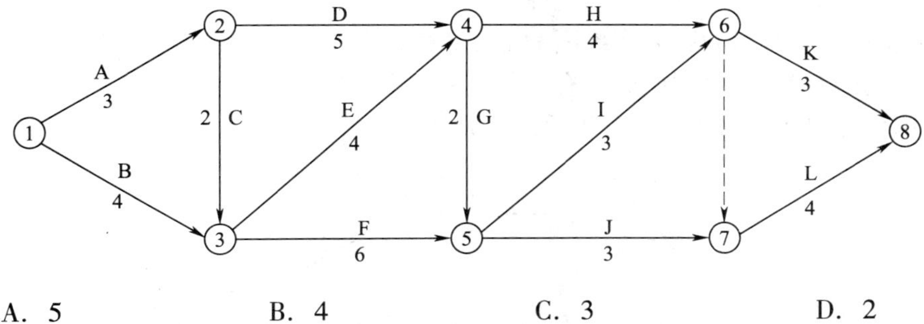

A. 5　　B. 4　　C. 3　　D. 2

19. 某分部工程双代号网络计划图如下图所示。图中已标出每个节点的最早时间和最迟时间，该计划表明（　　）。

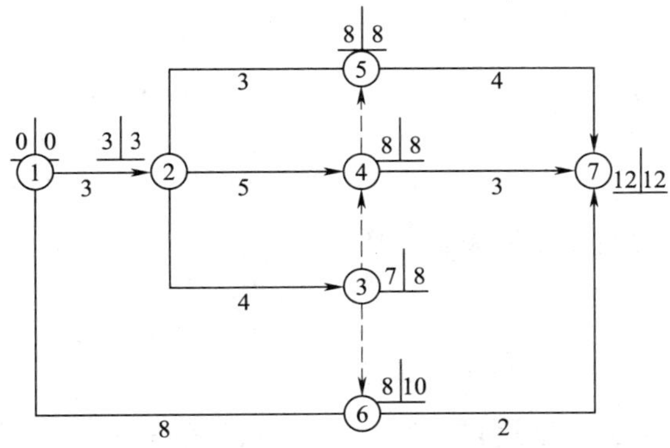

A. 工作1—3为关键工作　　B. 工作1—4的总时差为1

C. 工作3—6的自由时差为1　　D. 工作6—10的总时差为3

20. 当网络图中某一非关键工作的持续时间拖延Δ，且大于该工作的总时差TF时，网络计划总工期将（　　）。

A. 拖延Δ　　B. 拖延Δ+TF　　C. 拖延Δ-TF　　D. 拖延TF-Δ

三、多项选择题（请在下列选项中选择多个正确答案填在括号内）

1. 与网络计划相比，横线图进度计划法的特点有（　　）。

A. 适用于手工编制计划　　B. 工作之间的逻辑关系表达清楚

C. 能够确定计划的关键工作和关键线路　　D. 调整工作量大

E. 适应大型项目的进度计划系统

2. 在各种计划方法中，（　　）的工作进度线与时间坐标相对应。

A. 形象进度计划　　B. 横线图计划

C. 双代号网络计划　　D. 单代号搭接网络计划

E. 双代号时标网络计划

3. 在双代号网络图绘制过程中，要遵循一定的规则和要求。下列表述中正确的是（　　）。

A. 一项工作应当对应唯一的一条箭线和相应的一个节点

B. 箭尾节点的编号应小于其箭头节点的编号，即 $i<j$

C. 节点编号可不连续，但不允许重复

D. 无时间坐标的双代号网络图的箭线长度原则上可以任意画

E. 一张双代号网络图中必定有一条以上的虚工作

4. 某单代号网络计划图如下图所示，其关键线路为（　　）。

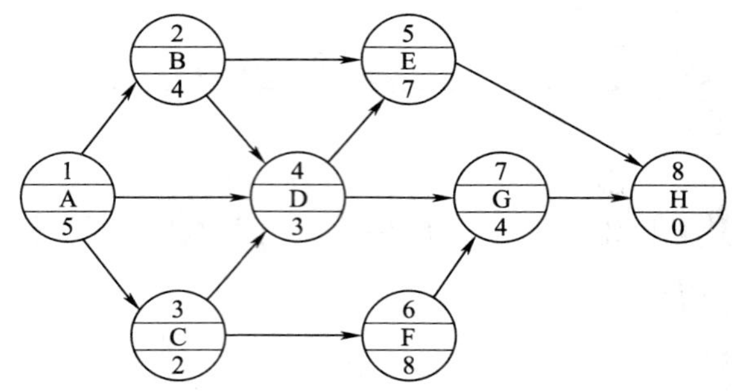

A. 1—2—4—5—8　　B. 1—2—5—8

C. 1—3—4—5—8　　D. 1—3—4—7—8

E. 1—3—6—7—8

5. 网络计划中工作之间的逻辑关系包括（　　）。

A. 工艺关系　　B. 组织关系

C. 生产关系　　D. 技术关系

E. 协调关系

6. 在工程网络计划中，关键线路是指（　　）的线路。

A．双代号网络计划中无虚箭线

B．双代号时标网络计划中无波形线

C．单代号网络计划中工作时间间隔为零

D．双代号网络计划中持续时间最长

E．单代号网络计划中自由时差为零的工作连起来

7．当计算工期不能满足要求工期时，需要压缩关键工作的持续时间以满足工期要求。在选择缩短持续时间的关键工作时宜考虑（　　）。

A．缩短持续时间对质量影响不大的工作

B．缩短持续时间所需增加的费用最少的工作

C．有充足备用资源的工作

D．持续时间最长的工作

E．缩短持续时间对安全影响不大的工作

四、判断题（判断正误并在括号内填“√”或“×”）

1．一个网络计划图中只允许有一个起点节点和一个终点节点。（　　）

2．一个网络计划图中允许单代号、双代号混用。（　　）

3．节点大小要适中，编号应由小到大，不可以跳跃。（　　）

4．箭尾节点的号码应小于箭头节点的号码。（　　）

5．若工作的最早开始时间不等于工作的最迟开始时间，则说明此工作没有时差，为关键工作。（　　）

6．关键线路上所有节点的两个时间参数相等；反过来，如果节点的两个时间参数相等，该节点一定是关键线路上的节点。（　　）

7．关键线路在网络图中只有一条。（　　）

8．在单代号网络计划图中，总时差为零的工作为关键工作，由关键工作所组成的自始至终的线路为关键线路。（　　）

9．除了起点节点和终点节点外，在网络图中不允许出现没有内向箭线和外向箭线的工作节点。（　　）

10．若工作的最早开始时间等于工作的最迟开始时间，则说明此工作有机动时间可利用。（　　）

五、简答题

1．简述画双代号网络计划图的基本规则。

2. 双代号网络图的节点编号要遵循哪些原则？

3. 简述单代号网络计划图的绘图规则。

任务四 优化施工进度网络图

一、填空题（请将正确答案填在横线空白处）

1. 在网络计划中，关键线路控制着施工任务的总工期，当计划的总工期超过了上级要求的总工期时，必须从关键线路着手。缩短关键线路的方法有____________________，____________________。

2. 在工作面允许、资源充足的情况下，通过从计划外增加资源，压缩__________的持续时间，以达到缩短工期的目的。

3. 公路工程项目的总费用包括__________和__________。__________是指完成工程所需的人工、材料、机械等费用，__________包括管理费用、福利、利息和一切不便于计入直接费用的其他附加费用。

4. 工作的最早开始时间是指__________全部完成，具备了本工作开始的必要条件的最早时刻。

5. 某项工作的最早完成时间等于该工作的最早开始时间与该工作__________时间之和。

6. 工作总时差是指在不影响任何一项紧后工作的最迟必须开始时间的前提下，一项工作可利用的_______________。

7. 工作的自由时差是指在不影响其紧后工作__________的前提下，本工作可以利用的机动时间。

8. 在节点计算法中，节点的时间参数只有节点的__________和__________。

9. 当计划工期等于计算工期时，总时差为__________的工作为关键工作。

10. 当计划工期等于计算工期时，关键工作的自由时差为__________。

11. 网络计划中，任何一项工作的自由时差一定__________总时差。

12. 单代号网络图用__________表示工作，用__________表示工作之间的逻辑关系。

13. 双代号时标网络计划是以__________为尺度而编制的网络计划。

14. 时标网络计划以__________表示实际的工作，以__________表示虚工作，以表示工作的自由对差。

15. 时标网络计划关键线路的判定，由终点节点至起点节点逆箭线方向观察，自始至终__________的线路即为关键线路。

16. 时标网络计划的计算工期是__________与__________所在位置的时标值之差。

17. 在时标网络计划中，实箭线水平投影长度表示该工作的__________。

18. 在时标网络计划中，一项工作的自由时差值，应是其__________的水平投影长度。

19. 网络计划优化目标包括__________目标、__________目标和__________目标等。

20. 工期优化是以__________为目标，通过压缩__________的持续时间达到目的。

21. 费用优化就是寻求工程总成本最低时的__________安排，或按要求工期寻求最低成本的进度计划的过程。

22. 资源优化是通过改变______________时间，使资源按时间的分布符合优化目标。

23. 网络计划的资源优化可概括为______________________和______________________两类问题。

二、选择题（请在下列选项中选择一个正确答案填在括号内）

1. 虚工作不占工作时间，在时标网络计划中以（　　）表示。

A. 水平虚箭线　　B. 倾斜虚箭线　　C. 竖直虚箭线　　D. 竖直实箭线

2. 工程网络计划中工期优化的目的是为了缩短（　　）。

A. 计划工期　　B. 计算工期　　C. 要求工期　　D. 合同工期

3. 工期优化时，利用（　　）来缩短工期，以达到优化目标。

A. 时差调整　　B. 改变关键线路　　C. 均衡资源供应　　D. 压缩关键工作的持续时间

4. 工期固定—资源均衡优化是利用（　　）来进行的。

A. 时差　　B. 线路　　C. 工期　　D. 资源

5. 费用优化的目的是寻求（　　）。

A. 最低成本　　B. 最短工期

C. 最低成本时的工期　　D. 最短工期时的成本

6. 某工作有 3 项紧后工作，其持续时间分别为 4 天、5 天、6 天；其最迟完成时间分别为 18 天、16 天、14 天，本工作的最迟完成时间是（　　）。天

A. 14　　B. 11　　C. 8　　D. 10

7. 在网络计划中，当计算工期等于要求工期时，（　　）的工作为关键工作。

A. 总时差为零　　B. 有自由时差　　C. 没有自由时差　　D. 所需资源最多

8. 网络计划执行中，某项工作延误时间超过了其自由时差，但未超过其总时差，则该延误将使得（　　）。

A. 紧后工作的最早开始时间后延

B. 总工期延长

C. 紧后工作的最迟开始时间后延

D．后续关键工作的最早开始时间后延

9．施工网络计划中，把某一专业队作业的各施工层段排列在同一水平线上，是为了突出反映施工的（　　）。

A．工艺关系　　B．组织关系　　C．栋号关系　　D．层间关系

10．在工程网络计划中，工作的最早开始时间应为其所有紧前工作（　　）。

A．最早完成时间的最大值　　B．最早完成时间的最小值

C．最迟完成时间的最大值　　D．最迟完成时间的最小值

11．网络计划中某项工作的最迟完成时间是指（　　）。

A．不影响其紧后工作最迟开始的时间

B．不影响其紧前工作最早开始的时间

C．由材料供应速度来确定的最迟时间

D．由施工人员数量来确定的最迟时间

三、判断题（判断正误并在括号内填“√”或“×”）

1．在压缩关键线路的同时，会使某些时差较大的次关键线路上升为关键线路，这时需要再次压缩新的关键线路，如此逐渐逼近，直到达到规定工期为止。（　　）

2．要想缩短工期，一般都需要增加劳动力或加班加点或增加其他资源，而这些都会引起费用的增加，因此费用与工期有着密切的关系。（　　）

3．如果工作进度安排不恰当，就会在计划的某些阶段出现对资源需求的“高峰”，而在另一些阶段出现对资源需求的“低谷”。这种资源的不均衡，会造成资源供应不足或资源供应过剩，同时，也会给工程组织和管理带来许多麻烦。资源优化的目的，就是为了解决这些问题。（　　）

4．当一项工程计划经过调整资源使之均衡后，如果所需要的资源很充足，就可以下达实施了。但是，当资源供应有限时，就要根据有限的资源安排工作。（　　）

5．备用库法分配有限资源的基本原理为：设想可供分配的资源储藏在备用库中，任务开始后，从库中取出资源，按工作的“优先安排规则”给即将开始的工作分配资源，并考虑到尽可能的最优组合，分配不到资源的工作就推迟开始。（　　）

四、简答题

1．简述工期优化的步骤。

2．简述时间—费用优化的基本步骤。

3．规定工期的资源均衡有哪些调整方法？

模块四　资源需要量计划的编制

任务一　劳动力需要量计划

一、填空题（请将正确答案填在横线空白处）

1. 施工进度与施工资源投入量成__________，即针对某个施工项目而言，施工资源投入量越大，其作业周期越短。

2. 劳动力配备遵循“__________、__________、__________”的原则。

3. ______________是编制资源需要量计划的先决条件。在施工进度计划确定以后，才可依据施工进度计划编制资源需要量计划。

二、选择题（请在下列选项中选择一个正确答案填在括号内）

1. 测算的人数低于施工工艺要求配置的最低人数时，应以（　　）为主，设置劳动力。

A. 最少人数　　B. 最多人数　　C. 工艺要求　　D. 最经济

2. 施工队拥有完成不同工序的各种机械，机械化作业往往需要人力配合施工。当人机联动作业时，应根据机械的规格型号及其（　　）合理搭配人工数量，争取达到人机联动的最佳生产效率。

A. 生产率　　B. 工程量　　C. 经济性　　D. 功率

3. 配备劳动力时，应保持紧前紧后工序在施工能力上的比例关系，即紧后工序的生产能力一般应大于紧前工序（　　），使各工序的总工效相等。

A. 5% ~10%　　B. 15% ~20%　　C. 25% ~30%　　D. 35% ~40%

三、判断题（判断正误并在括号内填“√”或“×”）

1. 当进度计划编制完成后，意味着每个施工项目的作业周期业已确定，据此，结合拟选的施工方法和工程量的大小，便可计算出所有的施工资源需要量。（　　）

2. 一般技工的施工技术水平对工程质量和进度的影响较大，因此，充分调动技工的积极性，挖掘潜力，有益于保证工程质量和工程进度。（　　）

3. 施工进度与施工资源投入量成反比关系，即针对某个施工项目而言，施工资源投入量越大，其作业周期越短。（　　）

4. 施工作业班组按一般工艺原则来组建，即将具备某一专项技能的劳动者组织起来，为完成某个主要工序配置生产技术和作业人员，并配备必要的生产工具、机械和设备来组建班组。（　　）

5．只有技工，没有普工辅助，技工的施工技术效力也难以发挥出来，技工和普工应合理搭配，才能充分发挥技工的作用。（　　）

6．通常根据施工需要，一个技工应有一个或几个普工辅助进行生产活动。（　　）

7．测算的人数低于施工工艺要求配置的最低人数时，应以工艺要求为主配置劳动力。（　　）

8．施工队往往由若干个不同工种的施工作业班组组成，一般按对象原则进行组建，即为了完成某个分部分项工程、某一构件等成品，把技术上相互关联的作业班组或个人组合起来，以加工“成品”为对象而组建的施工作业单位。（　　）

四、简答题

1．施工进度计划与资源需要量计划的关系是什么？

2．组建施工作业班组时的一般要求是什么？

3．劳动力配备需要遵循的原则是什么？

五、计算题

某工程施工期间的劳动力最高人数是150人，加权平均人数是130人，求其劳动力不均衡系数。

任务二　施工机具与设备需要量计划

一、填空题（请将正确答案填在横线空白处）

1. 公路施工具有______________、______________、______________，以及受外界干扰及自然因素影响等特点。

2. 机械在使用过程中总是会消耗、损耗机件，在所有施工工期范围内，机械不可能________________，而在机械施工中，要求机械满负荷运转，只有经常维修和保养，才能达到施工的要求，以保证施工组织计划的顺利实施。

3. 施工方案的完成必须有______________，在型号、功率、容积、长度等方面要达到施工方案的要求，否则就会减慢工程进度，影响工程质量，甚至损耗机器。

4. 机械的______________是指机械设备从开始投入使用至报废前所使用的总台班数。

5. 排队论法是用统计学来处理______________和________________的方法。工程实践表明，采用排队论法求出的机械实际生产率和最经济的车辆数比较符合实际情况。

6. 机械化施工组织设计中，应该包括对机械的________________，同时它也是机械化施工管理的组成部分。

二、选择题（请在下列选项中选择一个正确答案填在括号内）

1. 根据施工总体进度计划，在横线图中按（　　）列出采用机械化施工且由主导机械控制施工进度的作业项目名称，并将主导机械的机种列入主导机械栏内。

A. 施工次序　　B. 施工时间　　C. 项目名称　　D. 以上都对

2. 机械的耐用总台班是指机械设备从开始投入使用至（　　）所使用的总台班数。

A. 报废后　　B. 报废前　　C. 维修前　　D. 维修后

3. 工程（　　）的选择如果是正确的，则其配套机械的质量就会直接影响施工的进行。

A. 主要机械　　B. 主导机械　　C. 重要机械　　D. 一般机械

三、判断题（判断正误并在括号内填“√”或“×”）

1. 机械化施工组织设计可分为机械化施工总体计划和分部分项工程计划。（　　）

2. 在所有施工工期范围内，机械不可能永远满负荷作业，而在机械施工中，要求机械满负荷运转，只有经常维修和保养，才能达到施工的要求，以保证施工组织计划的顺利实施。（　　）

3. 施工方案的完成必须有配套的机械，在型号、功率、容积、长度等方面要达到施工方案的要求，否则就会降低工程进度，影响工程质量，甚至损耗机器。（　　）

4. 配套机械的技术规格应满足工程的技术标准要求；配套机械必须具有良好的工作性能和具有足够的可靠性；应尽量采用同厂家或品牌的配套机械，以保证最佳匹配和便于维修保养。（　　）

5. 机械的耐用总台班是指机械设备从开始投入使用至报废后所使用的总台班数。使用寿命是在正常施工作业的条件下，在其耐用总台班内，按规定的大修理次数划分的工作周期数。（　　）

6. 保养大致可分为定期保养和日常保养。定期保养是拆卸分解整套机械的保养，恢复其原来的性能，使其能长期使用；日常保养指每日、每年进行保养。（　　）

7. 主要机具、设备的供应计划反映了完成合同段的全部施工任务所需要的机种以及各机的需要量、规格型号、作业开始及结束时间和各机种作业的延续时间。（　　）

四、简答题

1. 机械化施工总体计划包括哪些内容？

2. 机械化施工分部分项工程计划有哪些内容？

3. 机械化施工组织设计的影响因素有哪些？

4. 一台机械在生产、维修、质量和安全方面的重要性，要从哪些点来进行评价？

5. 施工主导机械作业计划应与总进度计划的总体安排一致，在总进度计划的基础上绘制，其编制步骤是什么？

任务三　材料需要量计划

一、填空题（请将正确答案填在横线空白处）

1. 主材是指__________、__________的工业原料，如钢材、木材、水泥和沥青等。

2. 在施工过程中，人们通常编制的材料需要量计划，主要是针对__________进行的统筹规划，旨在节约材料，降低成本，既能盘活流动资金，又能保障供给，满足施工需要。

3. 计算材料需要量主要是根据完成的__________和所选用材料__________进行的。在编制竞标性施工组织设计时，要根据标书上指定材料消耗标准进行材料需要量计算。

4. 主要材料需要量计划是备料、供料和确定仓库、堆场面积及组织运输的依据，其编制方法是将施工进度计划表中各施工过程的__________，按材料品种、规格、数量、使用时间、材料的来源及运输方式计算汇总。

二、选择题（请在下列选项中选择一个正确答案填在括号内）

1. 工程项目施工采用的材料名目繁多，数不胜数。但不管一个建设项目使用了多少材料，一般都根据用量大小和价值高低分为主要材料和辅助材料。下列（　　）是主材。

A. 草袋　　B. 焊条　　C. 铁丝　　D. 水泥

2. 主要材料计划的编制过程同劳动力需要量计划类似，一般按年度和（　　）进行编制。

A. 月　　B. 日　　C. 季度　　D. 半年

三、判断题（判断正误并在括号内填“√”或“×”）

1. 在施工过程中，人们通常编制的材料需要量计划主要是针对主材需要量进行的统筹规划，旨在节约材料，降低成本，既能盘活流动资金，又能保障供给，满足施工需要。（　　）

2. 根据施工进度图中的时间坐标进程，逐月统计每月已（或应）开工的施工任务（平行作业）的个数，并确定和记录各施工任务的开工和结束时间。（　　）

3. 计算材料需要量主要是根据完成的工程量和所选用材料消耗定额进行的。在编制竞标性施工组织设计时，要根据标书上指定材料消耗标准进行材料需要量计算。（　　）

4. 计算分部分项工程的材料需要量，首先应明确分部分项工程的施工方案及施工方法，然后根据工程施工内容套用定额，按相关公式计算分部分项工程的材料消耗量。（　　）

5. 编制指导施工和施工准备的施工组织设计时，施工组织总设计只给出主要材料和地方材料的需要量计划，并列出其需要量计划表。（　　）

模块五　施工平面图设计

任务一　施工总平面图设计

一、填空题（请将正确答案填在横线空白处）

1. 内部运输规定主要道路宜采用双车道，宽度不小于__________ m，次要道路宜采用单车道，宽度不小于__________ m。

2. 生活基地应设在场外，距工地__________为宜。

3. 工地电力网，一般 3 ~ 10 kV 的高压线采用__________布置，沿主干道布置；380/220 V 低压线采用__________布置。

4. 施工现场供水管网有__________、__________和__________三种形式。

二、选择题（请在下列选项中选择一个正确答案填在括号内）

1. 施工组织总设计以（　　）为编制对象。

   A. 建设项目　　B. 单位工程　　C. 分部工程　　D. 分项工程

2. 施工总平面图的临时设施不包括（　　）。

   A. 工人宿舍　　B. 食堂　　C. 已建永久性房屋　　D. 电力网

3. 施工总平面图设计的内容是（　　）。

   A. 一切地下已有的构筑物的位置和尺寸

   B. 主要地上、地下已有的和拟建的建筑物的位置和尺寸

   C. 为全工地施工服务的主要临时设施的布置位置

   D. 一切为全工地施工服务的临时设施的布置位置

4. 某路线工程一项 300 m 长的挡土墙施工平面图，按主体工程形态分属于（　　）。

   A. 施工总平面图　　B. 分部分项工程平面图

   C. 集中型工程施工平面图　　D. 线形工程施工平面图

5. 下列施工作业方式中，施工工期最短的是（　　）。

   A. 顺序作业　　B. 平行作业　　C. 流水作业　　D. 其他作业

6. 公路工程施工项目管理的管理者是（　　）。

   A. 建设单位　　B. 设计单位　　C. 监理单位　　D. 施工单位

三、判断题（判断正误并在括号内填“√”或“×”）

1. 为避免冬季施工时水管冻裂，其布置形式有环形、枝形、混合式三种。　（　　）

2. 工地上电线通常采用架空布置，距路面或建筑物不小于 6 m。　（　　）

3．生活基地应设在场外，距工地 500 ~ 1 000 m 为宜。食堂可布置在工地内部或工地与生活区之间。 （ ）

4．现场架空线与施工建筑物水平距离不小于 10 m，与地面距离不小于 6 m，跨越建筑物或临时设施时，垂直距离不小于 0.5 m。 （ ）

四、简答题

1．简述施工总平面图设计的原则。

2．简述施工总平面图设计的依据。

3．施工总平面图布置包括哪些内容？

4．消防站一般设置在什么位置？

任务二　单位工程施工平面图设计

一、填空题（请将正确答案填在横线空白处）

1．单位工程施工平面图是对一个__________或__________的施工现场的__________和______________，它以__________________为依据，比其更加深入、具体。

2．工地上通常采用架空布置，距路面或建筑物不小于__________。

3．单位工程施工平面图的绘制比例一般为__________。

4．轨道布置常用的三种形式是__________、________________________、______________________。

二、选择题（请在下列选项中选择一个正确答案填在括号内）

1．单位工程施工组织设计编制的对象是（　　）。

A．建设项目　　B．单位工程　　C．分部工程　　D．分项工程

2．编制单位工程施工平面图时，首先确定（　　）的位置。

A．仓库　　B．起重设施　　C．办公楼　　D．道路

3．路线工程中的大中桥梁工程是（　　）。

A．单项工程　　B．单位工程　　C．分部工程　　D．分项工程

4．单位工程施工平面图设计的第一步是（　　）。

A．布置运输道路

B．确定搅拌站、仓库、材料和构件堆场、加工厂的位置

C．确定起重机的位置

D．布置水电管线

三、判断题（判断正误并在括号内填"√"或"×"）

1．井架应立在外脚手架之外，并有一定距离，一般为5～6 m。（　　）

2．塔式起重机可以进行垂直运输不可进行现场的水平运输。（　　）

3. 当采用固定式垂直运输设备时，施工材料宜布置在垂直运输机械附近首层、基础和地下室，所有的砖、石等材料宜沿建筑物四周布置，并距坑、槽边不小于3.5 m。（ ）

4. 在低压线路中，电杆间距应为25～40 m，分支线及引入线均应由电杆处接出，不得由两杆之间接线。（ ）

5. 临时房屋建设包括办公室、宿舍、工地实验室、会议室、食堂、浴室、卫生间、仓库、机修车间和污水处理池。（ ）

四、简答题

1. 简述单位工程施工平面图的设计原则。

2. 单位工程施工平面图设计有哪些内容?

3. 简述单位工程施工平面图的设计步骤。

模块六　公路工程概预算文件编制准备工作

任务一　认识公路工程造价

一、填空题（请将正确答案填在横线空白处）

1. 公路工程造价由________________、________________、________________三大部分组成。

2. 公路基本建设各阶段工程造价：__________、__________、__________、__________、__________、__________、__________。

3. 公路工程造价的计价特征是__________、__________、__________、__________、__________。

二、判断题（判断正误并在括号内填“√”或“×”）

1. 建筑安装工程费指建筑物的建造费用和设备安装费用两部分。（　）

2. 公路建设项目中，建筑工程包括临时工程、路基工程、路面工程、桥梁涵洞工程等。（　）

3. 投资估算一般是指在设计阶段，建设单位编制的相应的反映工程造价的经济文件。（　）

4. 招标控制价是在工程招标发包过程中，由投标人根据有关计价规定计算的工程造价，其作用是投标人用于对招标工程投标的最高限价。（　）

5. 工程结算是指在合同实施阶段，在工程结算时按合同调价范围和调价方法，对实际发生的工程量增减、设备和材料价差等进行调整后计算和确定的价格，是实际价格。（　）

6. 一个建设项目各个阶段的计价是相互衔接、由粗到细、由浅到深、由预期到实际、前者制约后者、后者修正和补充前者的发展过程。（　）

三、简答题

1. 简述公路工程造价的定义。

2. 公路工程造价的计价模式包括哪几种？

3. 简述工程造价管理的含义和内容。

任务二　划分项目与复核工程量

一、填空题（请将正确答案填在横线空白处）

1. 基本建设工程可依次划分为__________、__________、__________、__________、__________。

2. 概预算工程量是概预算编制人员根据设计文件中的__________________、______________________________、____、______________________________四个要素，以概预算定额子目为编制单元所确定的工程量。

二、判断题（判断正误并在括号内填“√”或“×”）

1. 为使公路工程预算编制规范化，编制办法中的概预算项目表对公路工程费用项目的名称、层次做了统一的规定，从而可以防止列项时出现混乱、漏列、错列的现象。（　　）

2. 概预算项目应按项目表规定的“项”“目”“节”“细目”序列及内容编制，不得随意划分。（　　）

3. “部分”和“项”的序号应保留不变。即第一部分、第二部分、第三部分和“项”的序号应保留不变，如第二部分，“设备及工具、器具购置费”在该项工程中不发生时，第

三部分“工程建设其他费用”仍为第三部分。（ ）

4.“目”“节”“细目”可随需要增减，并按项目表的顺序以实际出现的“目”“节”“细目”依次排列，不保留缺少的“目”“节”“细目”的序号。（ ）

5. 概预算工程量计算包括永久工程量（设计工程量）的计算、施工措施工程量（辅助工程量）和临时工程量计算三个方面的内容。（ ）

6. 设计工程量是在公路工程设计文件中列出的各分项工程的工程量，由列在设计图样前面的工程数量表定义。（ ）

7. 施工措施工程量（辅助工程量）和临时工程量由设计图样给出。（ ）

三、简答题

1. 简述概预算工程量与设计工程量之间的区别与联系。

2. 简述利用概预算项目表进行工程项目划分的规定。

任务三　认知公路工程定额

一、填空题（请将正确答案填在横线空白处）

1. 定额是指在__________的施工条件下，为完成一定量__________所规定的人力、物力、资金等消耗量的__________。

2. 公路工程定额按生产因素分类可分为：__________、__________________、__________________。

3. 公路工程定额按用途分类可分为__________、__________、__________、__________。

4. 劳动定额的表现形式有__________、__________，它们____________________的关系。

二、选择题（请在下列选项中选择一个正确答案填在括号内）

1. 工人的工作时间有些可以计入时间定额内，有些不能计入时间定额，其中不能计入时间定额的是（　　）。

A. 休息时间　　C. 基本工作时间

B. 不可避免的中断时间　　D. 多余和偶然工作损失时间

2. 时间定额以工日为单位，每个工日除潜水工作按6 h、隧道工作按7 h计算外，其余均为（　　）h。

A. 8　　B. 5　　C. 9　　D. 6.5

3. 产量定额是指在技术条件正常、生产工具使用合理和劳动组织正常的条件下，工人在单位时间内完成（　　）的数量。

A. 产品　　B. 合格产品　　C. 材料　　D. 资金

4. 材料定额也可称材料消耗定额。它是指在节约和合理使用材料的条件下，生产单位合格品所必须消耗的一定品种规格的（　　）、半成品、配件、构件等的数量标准。

A. 材料　　B. 设备　　C. 资金　　D. 时间

5. 材料定额是由材料净消耗定额和（　　）定额两部分组成的。

A. 材料的场外运输损耗　　B. 材料的施工损耗

C. 材料损耗及废料　　D. 材料的可避免的工艺损耗

6. 机械时间定额和机械产量定额互成（　　）。

A. 相等　　B. 倒数　　C. 互补　　D. 相关关系

7. 下列定额中，（　　）水平最高。

A. 概算定额　　B. 预算定额　　C. 施工定额　　D. 估算定额

8. 在编制施工图预算时，应选择套用（　　）。

A. 施工定额　　B. 预算定额　　C. 概算定额　　D. 劳动定额

9. 定额按用途分类包括（　　）。

A. 施工定额　　B. 劳动定额

C. 材料消耗定额　　D. 机械台班定额

10. 产品单位为1 000 m^3天然密实土，则时间定额为1.29 台班/1 000 m^3，产量定额应为（　　）。

A. 775.19 m^3/台班　　B. 810 m^3/台班

C. 756 m^3/台班　　D. 都不是

三、判断题（判断正误并在括号内填“√”或“×”）

1. 施工定额是建筑安装企业内部管理的定额，定额水平是平均先进的，属于企业定额的性质。（　　）

2. 预算定额是在概算定额的基础上，按照国家的方针、政策编制的，经过国家或授权机关批准的、具有权威性的一种指标性文件。（　　）

3．预算定额的性质属于计价定额的性质，定额水平是先进合理的，它体现了一个工程细目在正常条件下，用货币形式描述一定时期生产力的发展水平，它具有广泛的社会性。（　　）

4．概算定额是在施工定额基础上以主要工序为准综合相关分项的扩大定额，定额水平比预算定额为低。（　　）

5．估算指标是以某项目或其单位工程或单项工程为对象，综合项目全过程投资和建设成本的技术性经济指标，是在研究阶段编制估算文件的依据。（　　）

6．施工定额的定额水平高于预算定额和概算定额。（　　）

7．预算定额和概算定额具有相同的社会性。（　　）

8．材料定额消耗包括材料的净消耗和必要的工艺性损耗。（　　）

9．定额反映出一定时期的社会劳动生产率水平 。（　　）

10．机械台班费用定额是以机械的一个台班为单位，规定其所消耗的工时、燃料及费用等数量标准，并可折算为货币形式表现的定额。（　　）

任务四　套用公路工程预算定额

一、填空题（请将正确答案填在横线空白处）

1．预算定额是用于确定一定计量单位的分项工程或结构构件的人工、材料和机械台班消耗量的__________。

2．预算定额是在__________的基础上，按照国家的方针、政策编制的，经过国家或授权机关批准的、具有权威性的一种__________文件。

3．预算定额的性质属于__________的性质，定额水平是__________的，它体现了一个工程细目在正常条件下，用货币形式描述一定时期生产力的发展水平，它具有广泛的__________。

4．工程造价的确定是以__________为编制依据的。

5．现行的《公路工程预算定额》2007 年 10 月 19 日由交通部颁布，__________施行。

6．预算定额的内容主要由颁发定额的公告、总说明、各种工程__________、__________、__________及附录六部分组成。

二、选择题（请在下列选项中选择一个正确答案填在括号内）

1．预算定额总说明阐述的主要内容不包括（　　）。

A．定额的编制原则　　B．指导思想、编制依据

C．适用范围以及定额的作用　　D．计算规则

2．定额的颁发公告是指刊印在《公路工程预算定额》前部分的政府主管部门（交通部）关于发布定额、施行日期、阐明定额性质、运用范围、负责解释部门等的（　　）文件。

A．叙述性　　B．法令性　　C．推介行　　D．解释性

3. 预算定额附录未包括下列（　　）部分内容。

A. 路面材料计算基础数据　　B. 基本定额

C. 材料周转及摊销　　D. 桥涵模板工作

4. 10 m^3构件运第一个 50 m 时人工为 3 工日，每增运 50 m 人工增加 1.9 工日，则 50 m^3构件运输 100 m 时人工为（　　）工日。

A. 24.5　　B. 23.0　　C. 22.9　　D. 20.7

5. 机械打眼开炸软石的时间定额为 32.3 工日/1 000 m^3，则其产量定额为（　　）m^3/工日。

A. 26.0　　B. 27.2　　C. 31.0　　D. 33.6

6. 在 5 m 深的基坑内，深度 0 ~ 3 m 为普通干土，3 ~ 5 m 为湿处硬土，使用施工定额时，应（　　）。

A. 只执行 0 ~ 3 m 普通干土定额

B. 只执行 3 ~ 5 m 湿处硬土定额

C. 分别执行基坑深度在 5 m 以内的普通干土和湿处硬土的定额

D. 5 m 以内全部执行普通干土定额

三、判断题（判断正误并在括号内填"√"或"×"）

1. 要想正确又熟练地运用定额，必须先透彻地理解总说明，而且争取全面记住这些说明。（　　）

2.《公路工程概算定额》包括路基工程、路面工程、隧道工程、桥涵工程、防护工程、交通工程及沿线设施、临时工程、材料采集及加工、材料运输共九章及附录。（　　）

3. 预算定额附录包括路面材料计算基础数据、基本定额、材料的周转及摊销以及定额基价人工、材料单位质量、单价表四部分内容。（　　）

4. 定额表是各种定额的最基本的组成部分，是定额指标数量的具体表示。（　　）

5. 定额值即定额表中各种资源的消耗数量。预算定额表中部分定额值是带有括号的，括号内的数值一般是指所需半成品的数量（定额值），基价包含此费用。（　　）

6. 有些定额表列有"注"，位于定额表的下方。使用定额时，必须仔细阅读小注，以免发生错误。（　　）

四、计算题

1. 求桩径 2.5 m 以内孔深 40 m 内的沙土回旋钻机钻孔定额。

2．求 C30 承台混凝土预算定额。

3．求承台钢筋预算定额。

模块七　公路工程概预算文件的编制

任务一　确定人工、材料和机械台班单价

一、填空题（请将正确答案填在横线空白处）

1. 生产工人劳动保护费是指按国家有关部门规定标准发放的劳动防护用品的________、________、________、________、________费用等。

2. 生产工人辅助工资是指生产工人________天数以外________的工资；包括开会和执行必要的社会义务时间的工资，________、培训期间的工资，调动工作、________、________的工资，因气候影响停工期间的工资，女工哺乳期间的工资，________的工资及产、婚、丧假期的工资。

3. 材料预算价格由________、________、________、________组成。

4. 运杂费是指材料自________至________（施工地点存放材料的地方）的运杂费用，包括________、运费，如果发生，还应计囤存费及其他杂费（如过磅、标签、支撑加固、路桥通行等费用）。

5. 公路工程材料的采购及保管费费率为________。但构件（如外购的钢桁梁、钢筋混凝土构件及加工钢材等半成品）的采购保管费率为________。商品混凝土预算价格的计算方法与材料相同，但其采购保管费率为________。

二、选择题（请在下列选项中选择一个正确答案填在括号内）

1. 按照现行规定生产工人的人工工日单价组成内容包括（　　）。
   A. 基本工作　　B. 流动施工津贴
   C. 生产工人劳动保护费　　D. 社会保险

2. 工资性补贴是指按规定标准发放的补贴，其中未包括（　　）。
   A. 物价补贴　　B. 煤、燃气补贴
   C. 交通费补贴，地区津贴　　D. 生活补贴

3. 下列包括在人工工日单价中的是（　　）。
   A. 职工福利费　　B. 医疗保险费
   C. 住房公积金　　D. 养老保险费

4. 施工机械台班预算单价由不变费用和可变费用组成，其中不变费用不包括（　　）。
   A. 折旧费　　B. 大修理费、经常修理费

C. 安装拆卸及辅助设施费　　D. 燃料费

5. 某材料原价为300元/t，运杂费为12元/t，场外运输损耗率为1.5%，采购及保管费率为2.5%，则该材料预算价格为（　　）元。

A. 324.60　　B. 335.79　　C. 312　　D. 279

6. 机械台班预算单价的可变费用应包括（　　）。

A. 机械购置费　　B. 行车干扰增加费

C. 机械燃料动力费　　D. 机械进出场费

7. 材料的采购与保管人员的工资、福利、差旅交通费用应计入（　　）。

A. 材料消耗定额　　B. 运杂费内

C. 人工费　　D. 材料预算单价

8. 下列各项费用中，（　　）不属于公路工程机械台班单价的组成部分。

A. 大修理费及经常修理费　　B. 折旧费

C. 机上人工及燃料动力费用　　D. 大型机械进退场费

三、判断题（判断正误并在括号内填"√"或"×"）

1. 人工预算单价（人工工日单价）是指一个建筑安装生产工人一个工作日在预算中应计入的全部人工费用。（　　）

2. 人工单价仅作为编制概预算的依据，不作为施工企业实发工资的依据。（　　）

3. 材料原价一般按实际调查价格或当地主管部门规定的预算价格计算。（　　）

4. 自采材料的原价（如自采的沙、石、黏土等材料），按预算定额（材料采集及加工）中开采单价加辅助生产间接费和矿产资源税（如有）计算。（　　）

5. 场外运输损耗是指有些材料在正常的运输过程中发生的损耗，这部分损耗应摊入材料单价内。（　　）

6. 施工企业自办运输单程运距在5 km及以内的汽车运输或人力场外运输，按公路工程预算定额计算运费。（　　）

7. 材料采购及保管费是指材料供应部门（包括工地仓库及各级材料主管部门）在组织采购、供应和保管材料过程中所需的各项费用不包括工地仓库的材料储存损耗。（　　）

四、计算题

1. 某工程用42.5级袋装水泥，供应价为350元/t，自供应地点采用汽车运输，运距20 km，运价率为0.5元/t·km，装卸费为4元/t。求水泥预算单价（袋装水泥毛重系数为1.01，场外运输损耗率为1%，采购及保管费率为2.5%）。

2. 已知某二级公路采用挖掘机挖装普通土，土方量为15 000 m^3，求：

（1）挖掘机的台班单价。

（2）查定额确定挖掘机的台班消耗量。

（3）计算土方工程的机械使用费。

任务二　认知概预算文件及费用

一、填空题（请将正确答案填在横线空白处）

1. 概预算文件由__________、__________、__________、__________________________组成。

2. 概预算文件按不同的需要分为__________，__________为各项费用__________；__________为建筑安装工程费用各项__________________，只供__________使用。

3. 建设项目预算总金额由________________________________、______________________、__________、__________和__________组成。

4. 建筑安装工程费费由__________、__________、__________和__________组成。

二、选择题（请在下列选项中选择一个正确答案填在括号内）

1. 下列有关公路工程概算的说法错误的是（　　）。

A. 是基本建设项目投资最高限额

B. 是编制建设项目投资计划

C. 是确定和控制建设项目投资的依据

D. 是施工图设计阶段的工程造价

2. 公路工程概算的编制依据不包括（　　）。

A. 有关法律、法规、规章、规程等　　B. 公路工程概算定额

C. 地方补充定额　　D. 工程量清单

3. 公路工程预算定额的编制依据未包括（　　）。

A. 公路工程概预算编制办法　　B. 公路工程预算定额

C. 施工图设计文件　　D. 材料市场价格

4. 套用定额表时，定额编号的组成没有包括（　　）。

A. 页码　　B. 定额章的编号

C. 定额节的编号　　D. 定额表对应栏号

5. 准确套用定额不需要了解下列内容中的（　　）。

A. 施工方案　　B. 施工工艺　　C. 所选择的设备　　D. 熟悉定额

三、判断题（判断正误并在括号内填“√”或“×”）

1. 公路工程概算是控制施工图设计和施工图预算的依据　（　　）

2. 公路工程概算是衡量设计方案经济合理性和选择最佳设计方案的依据。（　　）

3. 公路工程概算是考核建设项目投资效果的依据。（　　）

4. 施工图预算是施工图设计文件的重要组成部分，是设计阶段控制工程造价的主要指标。（　　）

5. 对不宜实行招标而采用施工图加调整价结算的工程，经审定后的施工图预算可作为确定合同价款的基础。（　　）

6. 乙组文件中的“建筑安装工程费计算数据表”（08－1表）和“分项工程概（预）算表”（08－2表）应根据审批部门或建设项目业主单位的要求全部提供。（　　）

7. 工程细目表示本定额表所包括的工程项目。（　　）

8. 定额值即定额表中各种资源的消耗数量，也是定额。（　　）

任务三　确定建筑安装工程费

一、填空题（请将正确答案填在横线空白处）

1. 直接工程费是指施工过程中耗费的构成工程实体和有助于工程形成的各项费用，包括＿＿＿＿＿＿＿、＿＿＿＿＿＿＿、＿＿＿＿＿＿＿＿＿。

2. 工日单价是由＿＿＿＿＿＿＿、＿＿＿＿＿＿＿＿＿、＿＿＿＿＿＿＿＿＿组成的。

3. 材料费是指施工过程中耗用的构成工程实体的＿＿＿＿＿＿＿、＿＿＿＿＿＿＿、＿＿＿＿＿＿＿、＿＿＿＿＿＿＿、＿＿＿＿＿＿＿、＿＿＿＿＿＿＿＿＿和＿＿＿＿＿＿＿＿＿＿＿，按工程所在地的材料预算价格计算的费用。

4. 施工机械使用费是指列入概、预算定额的施工机械台班量按相应机械台班费用定额计算的＿＿＿＿＿＿＿＿＿＿＿、＿＿＿＿＿＿＿＿＿＿＿。

5. 其他工程费是指直接工程费以外施工过程中发生的＿＿＿＿＿＿＿＿＿＿＿，包括＿＿＿＿＿＿＿＿＿＿＿、雨季施工增加费、夜间施工增加费、特殊地区施工增加费、＿＿＿＿＿＿＿＿＿＿＿、＿＿＿＿＿＿＿＿＿＿＿、临时设施费、＿＿＿＿＿＿＿＿＿、工地转移费共九项。

二、选择题（请在下列选项中选择一个正确答案填在括号内）

1. 按我国现行规定，下列费用中不属于公路工程其他工程费的项目是。（　　）

A. 特殊地区施工增加费　　B. 冬季、雨季、夜间施工增加费
C. 行车干扰工程施工增加费　　D. 工程排污费

2. 公路工程中施工企业为组织施工生产和经营管理所需的费用称为（　　）。
A. 其他工程费　　B. 现场管理费
C. 现场经费　　D. 企业管理费基本费用

3. 下列不属于企业管理费的项目是（　　）。
A. 材料采购人员的差旅交通费　　B. 工会经费
C. 职工养老保险及待业保险费　　D. 房产税、印花税

4. 下列不应列入生产工人人工费内的是（　　）。
A. 生产工人学习培训期间的工资　　B. 生产工人的基本工资
C. 生产工人的工资性补贴　　D. 职工养老保险费

5. 按我国现行规定，公路工程直接费由（　　）等组成。
A. 其他工程费、企业管理费　　B. 其他工程费、规费
C. 直接工程费、其他工程费　　D. 企业管理费、规费

6. 编制公路基本建设项目概、预算时，外购构件应采用（　　）的费率计算。
A. 构筑物Ⅰ　　B. 构筑物Ⅱ　　C. 构筑物Ⅲ　　D. 高级路面

7. 编制项目建议书，可行性研究报告所需的费用应计入（　　）。
A. 建设项目前期工作费　　B. 建设单位管理费
C. 工程监理费　　D. 研究试验费

8. 按我国现行规定，施工现场的排污费用属于（　　）。
A. 其他直接费　　B. 直接费　　C. 现场经费　　D. 间接费

9. 安全及文明施工措施费是指工程施工期间所发生的费用，其中没有包括（　　）。
A. 安全生产　　B. 文明施工　　C. 职工健康生活　　D. 职工教育

10. 下列各项费用中，以人工费和机械使用费之和为计算基数的是（　　）。
A. 夜间施工增加费　　B. 雨季施工增加费
C. 安全及文明施工措施费　　D. 行车干扰工程施工增加费

11. 建筑安装工程造价中的税金项未计入的税项有（　　）。
A. 固定资产投资方向调节税　　B. 城乡维护建设税
C. 营业税　　D. 教育费附加

12. 为保证公路建设项目筹建和建设工程工作正常进行所需办公设备、生活家具的购置费，按规定应计入（　　）。
A. 设备、工具、器具及家具购置费　　B. 建设单位管理费
C. 工程监理费　　D. 施工机构迁移费

13. 建设期贷款利息是指（　　）。
A. 建设项目贷款总额的全部利息
C. 建设期内所贷款项的全部利息
B. 建设项目贷款总额的全部利息中在建设期内应归还的贷款利息
D. 建设期内所贷款项的全部利息中在建设期内应归还的贷款利息

14. 编制公路基本建设项目概（预）算时，钢筋及预应力钢材应采用（　　）的费率

计算。

A. 构筑物Ⅰ　　B. 构筑物Ⅱ

C. 钢材及钢结构　　D. 钢筋工程

15. 按我国现行规定，公路工程设计文件审查费取费基数为（　　）。

A. 直接费　　B. 直接工程费

C. 建筑安装工程费总额　　D. 间接费

16. 公路施工企业为进行施工生产而建造的各种生产、生活用临时设施的费用，按规定应计入（　　）。

A. 其他工程费　　B. 现场管理费

C. 现场经费　　D. 企业管理费

17. 按我国现行规定，公路工程其他工程费中的行车干扰工程增加费的取费基数是（　　）。

A. 均以各类工程的定额直接费之和为基数

B. 均以各类工程的直接工程费之和为基数

C. 均以各类工程的人工费之和为基数

D. 以受行车影响部分的工程项目的人工费和机械使用费之和为基数

18. 编制公路基本建设项目概（预）算时，有路面的临时便道项目应采用（　　）的费率计算。

A. 机械土方　　B. 构筑物Ⅰ

C. 机械石方　　D. 其他路面

19. 编制公路基本建设项目概（预）算时，无路面的便道工程项目应采用（　　）的费率计算。

A. 机械土方　　B. 人工土方

C. 机械石方　　D. 其他路面

20. 工器具购置费是指按设计文件要求配置达到固定资产标准的（　　）购置费用。

A. 设备　　B. 全部工器具

C. 第一套不构成固定资产的工器具　　D. 生活家具

21. 按我国现行规定，建设项目管理没有包括（　　）。

A. 建设单位管理费　　B. 工程定额测定费

C. 标底编制费　　D. 工程监督费

22. 公路工程中的企业管理费不包括（　　）。

A. 基本费用　　B. 职工探亲路费

C. 工地转移费　　D. 职工取暖补贴

23. 下列费用中，（　　）属于工程建设其他费用。

A. 办公及生活用家具购置费　　B. 建设项目管理费

C. 工程造价增长预留费　　D. 施工机构迁移费

24. 根据现行规定，其他工程费不包括（　　）。

A. 临时设施费　　B. 施工辅助费

C. 施工机构迁移费　　D. 辅助生产间接费

25. 钢材及钢结构是指钢桥及钢索吊桥的上部构造，钢沉井、钢围堰、钢套箱及钢护筒等基础工程，其中不包括（　　）。

A. 钢索塔、钢锚箱　　B. 钢筋及预应力钢材

C. 模数式及橡胶板式伸缩缝　　D. 临时工程中的便桥

26. 在工程其他费用类别划分中高级路面没有包括的工程是（　　）。

A. 沥青混凝土路面　　B. 厂拌沥青碎石路面

C. 水泥混凝土路面的面层　　D. 有路面的便道工程

27. 冬季施工增加费没有包括的内容是（　　）。

A. 因冬季施工所需增加的一切人工、机械与材料的支出

B. 施工机具所需修建的暖棚（包括拆、移）

C. 施工机具增加油脂及其他保温设备费用

D. 工地的冬季取暖补贴

28. 雨季施工增加费的内容未包括（　　）。

A. 路基土方工程的开挖和运输

B. 因防止雨水必须采取的防护措施的费用

C. 材料因受潮、受湿的耗损费用

D. 窝工费

29. 特殊地区施工增加费未包括（　　）。

A. 高原地区施工增加费　　B. 风沙地区施工增加费

C. 平原地区施工增加费　　D. 沿海地区施工增加费

30. 其他工程费的计算以直接费为基数的有（　　）。

A. 高原地区施工增加费　　B. 风沙地区施工增加费

C. 行车干扰工程施工增加费　　D. 施工标准化及安全措施费

31. 施工标准化与安全措施费的计算不包括（　　）。

A. 满足安全生产的费用

B. 施工标准化、规范化、精细化所发生的费用

C. 临时安全设施和标志、标牌的费用

32. 临时设施费用不包括（　　）。

A. 临时设施的搭设　　B. 拆临时设施的维修费

C. 临时设施的拆除费、摊销费　　D. 临时便道

33. 施工辅助费不包括（　　）。

A. 生产工具用具使用费　　B. 检验试验费

C. 工程定位复测　　D. 新结构的试验费

34. 规费包括（　　）。

A. 养老保险费　　B. 失业保险费

C. 医疗保险费　　D. 第三方责任险

35. 企业管理费不包括（　　）。

A. 基本费用　　B. 主副食运费补贴

C. 职工取暖补贴　　D. 工伤保险费

36. 财务费用指施工企业为筹集资金而发生的各项费用，不包括（　　）。

A. 短期贷款利息净支出　　B. 汇兑净损失

C. 调剂外汇手续费　　D. 长期贷款利息

三、判断题（判断正误并在括号内填"√"或"×"）

1. 公路工程中的水、电费及因场地狭小等特殊情况而发生的材料二次搬运等其他工程费在概预算计算过程中需要另行计算。（　　）

2. 人工土方是指人工施工的路基、改河等土方工程，以及人工施工的砍树、挖根、除草、平整场地、挖盖山土等工程项目，并不适用于无路面的便道工程。（　　）

3. 机械土方是指机械施工的路基、改河等土方工程，以及机械施工的砍树、挖根、除草等工程项目。（　　）

4. 汽车运输是指汽车、拖拉机、机动翻斗车等运送的路基、改河土（石）方、路面基层和面层混合料、水泥混凝土及预制构件、绿化苗木等。（　　）

5. 机械石方是指机械施工的路基、改河等石方工程（机械打眼不属机械施工）。（　　）

6. 高级路面是指沥青混凝土路面、厂拌沥青碎石路面和水泥混凝土路面的面层及透层、黏层。（　　）

7. 其他路面是指除高级路面以外的其他路面面层，各等级路面的基层、底基层、垫层、透层、黏层、封层，采用结合料稳定的路基和软土等特殊路基处理等工程，以及有路面的便道工程。（　　）

8. 构筑物Ⅰ是指无夜间施工的桥梁、涵洞、防护（包括绿化）及其他工程，交通工程及沿线设施工程包括设备安装及金属标志牌、防撞钢护栏、防眩板（网）、隔离栅、防护网，以及临时工程中的便桥、电力电信线路、轨道铺设等工程项目。（　　）

9. 构筑物Ⅲ是指商品混凝土（包括沥青混凝土和水泥混凝土）的浇筑和外购构件及设备的安装工程。商品混凝土和外购构件及设备的费用不作为其他工程费和间接费的计算基数。（　　）

10. 技术复杂大桥是指单孔跨径在 120 m 以上（含 120 m）和基础水深在 10 m 以上（含 10 m）的大桥主桥部分的基础、下部工程和上部工程。（　　）

11. 购买路基填料的费用可作为其他工程费和间接费的计算基数。（　　）

12. 冬季施工增加费是指按照公路工程施工及验收规范所规定的冬季施工要求，为保证工程质量和安全生产所需采取的防寒保温设施、工效降低和机械作业率降低以及技术操作过程的改变等所增加的有关费用。（　　）

13. 冬季施工增加费采用全年平均摊销的方法计算，即不论是否在冬季施工，均按规定的取费标准计取冬季施工增加费。（　　）

14. 雨季施工增加费是只有在雨季期施工才摊销计算的费用。（　　）

15. 室内管道及设备安装工程不计雨季施工增加费。（　　）

16. 临时设施费是指施工企业为进行建筑安装工程施工所必需的生活和生产用的临时建筑物、构筑物和其他临时设施及其标准化的费用等，还包括概、预算定额中临时工程在内。（　　）

17. 检验试验费包括对具有出厂合格证明的材料进行检验、对构件破坏性试验及其他特殊要求检验的费用。（　　）

18. 工地转移费是指施工企业根据建设任务的需要，由已竣工的工地或后方基地迁至新工地的搬迁费用。（　　）

19. 工地转移费包括非固定工人进退场及一条路线中各工地转移的费用。（　　）

20. 工地转移距离在 50 km 以内的工程不计取本项费用。（　　）

21. 规费是指法律、法规、规章、规程规定施工企业必须缴纳的费用（简称规费），计算基数是人工费。（　　）

22. 企业管理费基本费用是指施工企业为组织施工生产和经营管理所需的费用，其中包括职工福利费。（　　）

23. 企业管理费中的税金是指企业按规定缴纳的房产税、车船使用税、土地使用税、印花税等。（　　）

24. 辅助生产间接费是指由施工单位自行开采加工的沙、石等材料及施工单位自办的人工装卸和运输的间接费。（　　）

25. 辅助生产间接费按人工费的 4% 计。（　　）

26. 利润按直接费与间接费之和（扣除规费）的 6% 计算。（　　）

27. 税金是指按国家税法规定应计入建筑安装工程造价内的营业税、城市维护建设税及教育费附加。（　　）

28. 主副食运费补贴是指施工企业在远离城镇及乡村的野外施工购买生活必需品所需增加的费用。（　　）

29. 职工探亲路费是指按照有关规定施工企业职工在探亲期间发生的往返车船费、市内交通费和途中住宿费等费用。（　　）

30. 其他工程费 = 其他工程费Ⅰ + 其他工程费Ⅱ = 直接工程费 × 其他工程费综合费率Ⅰ + （人工费 + 施工机械使用费） × 其他工程费综合费率Ⅱ。（　　）

四、简答题

1. 简述直接费的计算步骤。

2. 简述其他工程费与间接费的计算基数及费用组成。

五、计算题

已知某新建公路工程的软基工程，拟采用换填透水性材料处理，已知工程量为 5 843 m^3，人工工日单价为 53.87 元/工日，沙砾为 45 元/m^3，75 kW 以内履带式推土机为 836.62 元/台班，6 ~8 t 光轮压路机为 331.54 元/台班。

求：1. 计算该工程细目的人工费、材料费和机械台班使用费并求得直接工程费。

2. 已知其他工程费的综合费率为 4.73%；规费的费率为 35%；企业管理费的综合费率为 3.915%，求得该工程细目的直接费及间接费。

3. 利润率按 7%，综合税率按 3.41% 计算工程细目的利润和税金及建筑安装工程费。

任务四　确定概预算其他费用

一、填空题（请将正确答案填在横线空白处）

1. 设备购置费是指为满足公路的运营、管理、养护需要，购置的达到____________________________________和虽___________固定资产标准但属于__________________________的设备的费用。

2. 工器具购置费是指建设项目交付使用后为满足初期正常运营必须购置的_________________________________的设备、仪器、仪表、____________、器具、工作台（框、架、柜）等的费用。

3. 办公和生活用家具购置费是指为保证新建、改建项目初期正常生产、使用和管理所___________的办公和生活用___________的费用。

4. 工程建设其他费用由_________________________________、______________________________、研究试验费、建设项目前期工作费、专项评价（估）费、__________________________________、供电贴费、联合试运转费、____________________________________、固定资产投资方向调节税、__________________________________共十一项费用构成。

5. 竣（交）工验收试验检测费是指在公路建设项目___________和___________，由建设单位（业主）或工程质量监管机构委托有资质的公路工程___________按照有关规定对建设项目的____________________，并出具___________所需要的相关费用。

6. 建设项目前期工作费是指委托勘察设计、咨询单位对建设项目进行______________、___________、___________、___________、___________、___________、___________编制时所发生的费用。

二、选择题（请在下列选项中选择一个正确答案填在括号内）

1. 设备购置费中未包括的设备是（　　）。
   A. 渡口设备，隧道照明、消防、通风的动力设备
   B. 高等级公路的收费、监控、通信、供电设备
   C. 养护用的机械、设备
   D. 实验用的工具、器具

2. 设备购置费没有包括（　　）。
   A. 设备原价　　B. 运杂费　　C. 运输保险费　　D. 场外运输损耗

3. 办公和生活用家具购置费没有包括（　　）。
   A. 行政、生产部门的办公室、会议室
   B. 资料档案室、阅览室
   C. 单身宿舍及生活福利设施等的家具、用具
   D. 临时设施

4. 下列费用中不属于建设项目管理费的是（　　）。
   A. 建设单位（业主）管理费　　B. 工程监理费

C. 设计文件审查费　　D. 工程设计费

5. 建设项目前期工程费用没有包括（　　）。

A. 编制项目建议书　　B. 设计文件的勘察费

C. 检测试验费　　D. 施工招标文件编制费

6. 下列费用中基本预备没有包括（　　）。

A. 由于一般自然灾害所造成的损失

B. 验收委员会为鉴定工程质量必须开挖和修复隐蔽工程的费用

C. 工程保险费用

D. 暂定工程费

三、判断题（判断正误并在括号内填"√"或"×"）

1. 需要安装的设备，应在第一部分建筑安装工程费的有关项目内另计设备的安装工程费。（　　）

2. 工器具购置费用不包括构成固定资产的设备、工器具和备品、备件，但是包括已列入设备购置费中的专用工具和备品、备件。（　　）

3. 土地补偿费是指被征用土地地上、地下附着物及青苗补偿费。（　　）

4. 工程监理费是指建设单位（业主）委托具有公路工程监理资格的单位，按施工技术规范进行全面的监督和管理所发生的费用。（　　）

5. 建设期贷款利息是指建设项目中分年度使用国内贷款或国外贷款部分，在建设期内应归还的贷款利息。（　　）

6. 价差预备费是指设计文件编制年至工程竣工年期间，第一部分费用的人工费、材料费、机械使用费、其他工程费、间接费等以及第二、第三部分费用由于政策、价格变化可能发生上浮而预留的费用及外资贷款汇率变动部分的费用。（　　）

7. 设计文件编制至工程完工在一年以内的工程，不计算价差预备费。（　　）

8. 基本预备费是指在初步设计和概算中难以预估的工程费用。（　　）

9. 总金额是由第一、第二、第三部分费用求和减去预备费和回收金额。（　　）

10. 概、预算定额所列材料一般不计回收金额，只对按全部材料计价的一些临时工程项目和由于工程规模或工期限制达不到规定周转次数的拱盔、支架及施工金属设备的材料计算回收金额。（　　）

四、简答题

1. 概预算总金额由哪些部分组成？

2．简述预备费与回收金额及它们与概预算总金额的关系。

五、计算题

1．已知某市某公立工程预算费用如下：人工总费用为7.2万元，直接工程费为78.35万元，利润率为7%，其他工程费率为10%（无行车干扰增加费），规费费率为35%，企业管理费费率为5%，综合税率为3.41%，求建筑安装工程费为多少？

2．已知某工程建设了临时电力电线工程，该工程2年后竣工，其中电线原价为3 500元，求该工程的回收金额是多少？（查表得回收率为30%）

任务五　编制概预算文件

简答题

1. 简述概预算的编制步骤。

2. 论述概预算计算表格之间的计算关系。

综合试卷一

一、填空题（请将正确答案填在横线空白处；每空1分，共20分）

1. 施工方案一般是以分部（分项）工程或专项工程为单位编制的施工技术与组织方案，用以指导具体施工过程，其中包括__________、__________、__________、__________和__________。

2. 公路施工组织是规划和指导公路工程从__________、__________、__________到__________全过程的一个综合性的技术经济文件。

3. __________是全面考核公路设计成果，检验设计和施工质量的重要环节。

4. 编制施工组织所需要的基础资料，通常包括速设地点的__________和__________的资料。

5. 施工准备的核心是__________。

6. 拟订__________是编制各类施工组织设计时需首先解决的问题。

7. __________可优化社会资源，节约社会劳动。

8. 服务施工过程指为__________和__________服务的各种服务过程。

9. __________是工程项目施工组织设计必不可少的内容。

10. 横线图常用__________和__________两种表现形式。

二、选择题（请在下列选项中选择一个正确答案填在括号内；每题2分，共30分）

1. 建立和完善基本建设（　　），对加强基本建设管理与施工，提高投资效益，都具有极重要的意义。

A. 岗位责任制度　B. 施工制度　C. 预算制度　D. 造价制度

2. 公路施工组织按编制阶段的不同可分为设计阶段的施工组织和（　　）的施工组织。

A. 准备阶段　B. 施工阶段　C. 竣工阶段　D. 验收阶段

3. 为编制设计阶段的施工组织设计文件，（　　）在野外勘察阶段由调查组进行原始资料的调查、收集。

A. 建设单位　B. 设计单位　C. 施工单位　D. 监理单位

4. 拟订切实可行的（　　）是编制施工组织设计的关键环节，也是决定工程项目施工成效的关键因素。

A. 材料计划表　B. 施工方案　C. 工程进度图　D. 公路临时用地表

5. 混凝土输送泵配有特殊管道，可以将混凝土输送到一定水平距离和高度，沿水平方向可运达200～700 m，沿垂直方向可运达（　　）m。

A. 100　B. 105　C. 110　D. 115

6. 在施工组织设计时，一般把工序作为（　　）的施工过程要素。

A. 最小　　B. 最大　　C. 一般　　D. 较大

7. 潮湿和易触、带电场所的照明供电电压不应大于（　　）V。

A. 12　　B. 24　　C. 36　　D. 48

8. 下列各图是建设工程进度计划的表现方式，除了（　　）以外。

A. 横线图　　B. 垂直图　　C. 网络图　　D. 施工图

9. 下述组织施工的方式中，工期最短的是（　　）。

A. 依次施工　　B. 平行施工　　C. 流水施工　　D. 搭接施工

10. 专业工作队在一个施工段上的施工作业时间称为（　　）。

A. 工期　　B. 流水步距　　C. 自由时差　　D. 流水节拍

11. 双代号网络计划中节点是箭线之间的连接点，网络图中既有内向箭线，又有外向箭线的节点称为（　　）。

A. 中间节点　　B. 起点节点　　C. 终点节点　　D. 交接节点

12. 在网络计划中，若某项工作的（　　）最小，则该工作必为关键工作。

A. 自由时差　　B. 持续时间　　C. 时间间隔　　D. 总时差

13. 虚工作不占工作时间，在时标网络计划中以（　　）表示。

A. 水平虚箭线　　B. 倾斜虚箭线

C. 垂直的虚箭线　　D. 竖直实箭线

14. 测算的人数低于施工工艺要求配置的最低人数时，应以（　　）为主，设置劳动力 。

A. 最少人数　　B. 最多人数　　C. 工艺要求　　D. 最经济

15. 根据施工总体进度计划，在横线图中按（　　）列出采用机械化施工且由主导机械控制施工进度的作业项目名称，并将主导机械的机种列入主导机械栏内。

A. 施工次序　　B. 施工时间　　C. 项目名称　　D. 以上都对

三、判断题（判断正误并在括号内填“√”或“×”；每题0.5分，共10分）

1. 公路建设是一个复杂的过程，从规划、测设、施工到竣工养护，每一个过程都离不开施工组织和施工管理。（　　）

2. 在开工报告批准后，才能开始正式施工。施工应严格按照设计图样进行，如需要变更，必须事先按规定程序报项目经理批准。（　　）

3. 为了保质保量按期完成施工任务，每项工程都需要建设、设计、施工、监理等单位密切配合，材料、动力、运输等各部门的通力协作，还需要地方各级政府部门和施工沿线各相关单位的大力支持。（　　）

4. 施工中需要的工种很多，对直接为施工服务的工种及其他缺乏的工种或对技术水平要求较高的工种，进场前无须进行技术、质量、安全操作、消防和文明施工等方面的培训教育。（　　）

5. 在单位工程或分部分项工程开工之前，应详尽地向施工班组和操作工人进行技术交底，以保证工程能严格按照设计图样、施工组织设计、施工技术规范、安全操作规程和施工质量检验评定标准的要求进行施工。（　　）

6．施工工期是施工单位选择施工方法的主要因素。（　　）

7．在山岭重丘区和城市附近施工时，安全环保问题更为突出。（　　）

8．自卸汽车是水平运输快捷、自动卸除的汽车。（　　）

9．工期和施工进度是合理选择机械的重要依据。（　　）

10．操作过程是由几个在技术上相互关联的工序所组成的，可以相对独立完成某一分部、分项工程。（　　）

11．平行作业资源投入量小，但间歇作业，不能充分发挥设备潜力。（　　）

12．消防设施、器材必须每年维修保养三次，不能使用过期的灭火器材，确保消防设施、器材灵敏、有效、好用。（　　）

13．施工现场、生活区，用明火必须上报保卫部。生火时可用汽油、煤油等液体引火。（　　）

14．流水节拍的长短影响总工期，所以流水节拍越短越好。（　　）

15．箭线表示一项工作，它代表了某个专业队（工序）在某个施工段上的操作过程。（　　）

16．一个网络计划图中只允许有一个开始节点和一个结束节点。（　　）

17．在压缩关键线路的同时，会使某些时差较大的次关键线路上升为关键线路，这时需要再次压缩新的关键线路，如此逐渐逼近，直到达到规定工期为止。（　　）

18．一般技工的施工技术水平对工程质量和进度的影响较大，因此，充分调动技工的积极性，挖掘潜力，有益于保证工程质量和工程进度。（　　）

19．主要机具、设备的供应计划反映了完成合同段的全部施工任务所需要的机种以及各机的需要量、规格型号、作业开始及结束时间和各机种作业的延续时间。（　　）

20．在施工过程中，人们通常编制的材料需要量计划，主要是针对主材需要量进行的统筹规划，旨在节约材料，降低成本，既能盘活流动资金，又能保障供给，满足施工需要。（　　）

四、简答题（每题 5 分，共 25 分）

1．简述施工总平面图设计的原则。

2．单位工程施工平面图设计的内容有哪些？

3．简述工程造价管理的含义。

4．查表给出桩径2. 5 m以内孔深40 m内的沙土回旋钻机钻孔定额。

5．简述其他工程费与间接费的计算基数及费用组成。

五、计算题（每小题5分，共15分）

已知某新建公路工程的软基工程，拟采用换填透水性材料处理，已知工程量为5 843 m^3，人工工日单价为53.87元/工日，沙砾为45元/m^3，75 kW以内履带式推土机为836.62元/台班，6～8 t光轮压路机为331.54元/台班。

求：1．计算该工程细目的人工费、材料费和机械台班使用费并求得直接工程费。

2．已知其他工程费的综合费率为4.73%，规费的费率为35%，企业管理费的综合费率为3.915%，求得该工程细目的直接费及间接费。

3．利润率按7%，综合税率按3.41%计算工程细目的利润和税金及建筑安装工程费。

综合试卷二

一、填空题（请将正确答案填在横线空白处；每空1分，共20分）

1．施工前的设计技术交底一般由__________主持，__________、__________和__________参加。

2．石方开挖主要是根据施工对象的软硬程度选择施工方法，通常分为__________和__________两种。

3．压实机械按加载方式有__________、__________和__________三类。

4．施工过程的连续性与__________有关，同时也与__________有关。

5．公路工程建设必须遵循__________的建设方针，进行__________、__________、__________的施工质量控制，提高施工过程中全体人员的质量意识，加强和保证施工质量。

6．单代号网络计划图是以__________绘制的网络图。

7．若工作的最早开始时间等于工作的最迟开始时间即 ES = LS，则说明此工作没有时差，为__________。

8．在工作面允许、资源充足的情况下，通过从计划外增加资源，压缩__________的持续时间，以达到缩短工期的目的。

9．预算定额是用于确定一定计量单位的分项工程或结构构件的人工、材料和机械台班消耗量的__________。

10．单位工程施工平面图的绘制比例一般为__________。

二、选择题（请在下列选项中选择一个正确答案填在括号内；每题2分，共30分）

1．水平运输机械包括载重汽车、自卸汽车、（　　）、运油加油汽车、洒水汽车及各种拖拉机等。

A．混凝土搅拌运输车　　B．装载机

C．平板拖车　　D．挖掘机

2．选择施工方式要在保证工期的前提下，以提高经济效益为目的，充分贯彻连续性原则，优先采用（　　）组织施工，保持均衡生产，充分挖掘施工潜力，避免施工资源损失与浪费，降低施工成本，提高经济效益。

A．顺序作业法　　B．平行作业法

C．流水作业法　　D．交叉作业法

3．现场配备消防器材，应根据工程情况和结构施工阶段，每 50 m^2 灭火器不少于（　　）瓶。

A．1　　B．2　　C．3　　D．4

4．用横线图表示的建设工程进度计划，一般包括两个基本部分，即（　　）。

A. 左侧的工作名称和右侧的横道线

B. 左侧的横道线和左侧的工作名称

C. 左侧的工作名称及工作的持续时间等基本数据和右侧的横道线

D. 右侧的工作名称及工作的持续时间等基本数据和左侧的横道线

5. 单代号网络图的基本符号中“箭线”表示（　　）。

A. 工作名称　　B. 一项工作

C. 工作持续时间　　D. 紧邻工作之间的逻辑关系

6. 在工程网络计划中，工作的最早开始时间应为其所有紧前工作（　　）。

A. 最早完成时间的最大值　　B. 最早完成时间的最小值

C. 最迟完成时间的最大值　　D. 最迟完成时间的最小值

7. 工程（　　）的选择如果是正确的，则其配套机械的质量就会直接影响施工的正常进行。

A. 主要机械　　B. 主导机械　　C. 重要机械　　D. 一般机械

8. 工程项目施工采用的材料名目繁多，数不胜数。不管一个建设项目使用了多少材料，一般都根据用量大小和价值高低分为主要材料和辅助材料。下列材料中是主材的是（　　）。

A. 草袋　　B. 焊条　　C. 铁丝　　D. 水泥

9. 施工总平面图的临时设施不包括（　　）。

A. 工人宿舍　　B. 食堂

C. 已建永久性房屋　　D. 电力网

10. 单位工程施工组织设计编制的对象是（　　）。

A. 建设项目　　B. 单位工程　　C. 分部工程　　D. 分项工程

11. 工人的工作时间有些可以计入时间定额，有些不能计入时间定额，其中不能计入时间定额的有（　　）。

A. 休息时间　　C. 基本工作时间

B. 不可避免的中断时间　　D. 多余和偶然工作损失时间

12. 机械打眼开炸软石的时间定额为 32.3 工日/1 000 m^3，则其产量定额为（　　）m^3/工日。

A. 26.0　　B. 27.2　　C. 31.0　　D. 33.6

13. 按照现行规定生产工人的人工工日单价组成内容包括（　　）。

A. 基本工作　　B. 流动施工津贴

C. 生产工人劳动保护费　　D. 社会保险

14. 编制公路基本建设项目概预算时，钢筋及预应力钢材应采用（　　）的费率计算。

A. 构筑物Ⅰ　　B. 构筑物Ⅱ

C. 钢材及钢结构　　D. 钢筋工程

15. 下列费用中基本预备没有包括的是（　　）。

A. 由于一般自然灾害所造成的损失

B. 验收委员会为鉴定工程质量必须开挖和修复隐蔽工程的费用

C. 工程保险费用

D．暂定工程费

三、判断题（判断正误并在括号内填“√”或“×”；每题0.5分，共10分）

1．需要安装的设备，应在第一部分建筑安装工程费的有关项目内另计设备的安装工程费。（　）

2．工器具购置费用不包括构成固定资产的设备、工器具和备品、备件，但是包括已列入设备购置费中的专用工具和备品、备件。（　）

3．土地补偿费是指被征用土地地上、地下附着物及青苗补偿费。（　）

4．汽车运输是指汽车、拖拉机、机动翻斗车等运送的路基、改河土（石）方、路面基层和面层混合料、水泥混凝土及预制构件、绿化苗木等。（　）

5．机械石方是指机械施工的路基、改河等石方工程（机械打眼不属机械施工）。（　）

6．高级路面是指沥青混凝土路面、厂拌沥青碎石路面和水泥混凝土路面的面层及透层、黏层。（　）

7．工程细目表示本定额表所包括的工程项目。（　）

8．定额值即定额表中各种资源的消耗数量，也是定额。（　）

9．材料采购及保管费是指材料供应部门（包括工地仓库及各级材料主管部门）在组织采购、供应和保管材料过程中所需的各项费用，不包括工地仓库的材料储存损耗。（　）

10．预算定额表中部分定额值是带有括号的，括号内的数值一般是指所需半成品的数量（定额值），基价包含此费用。（　）

11．有些定额表列有“注”，位于定额表的下方。使用定额时，必须仔细阅读小注，以免发生错误。（　）

12．材料定额消耗包括材料的净消耗和必要的工艺性损耗。（　）

13．定额反映出一定时期的社会劳动生产率水平 。（　）

14．“部分”和“项”的序号应保留不变。即第一、第二、第三部分和“项”的序号应保留不变，如第二部分，“设备及工具、器具购置费”在该项工程中不发生时，第三部分“工程建设其他费用”仍为第三部分。（　）

15．建筑安装工程费指建筑物的建造费用和设备安装费用两部分。（　）

16．投资估算一般是指在设计阶段，建设单位编制的相应的反映工程造价的经济文件。（　）

17．井架应立在外脚手架之外，并有一定距离，一般为5～6 m。（　）

18．塔式起重机可以进行垂直运输，不可进行现场的水平运输。（　）

19．为避免冬季施工时水管冻裂，其布置形式有环形、枝形、混合式三种。（　）

20．机械化施工组织设计可分为机械化施工总体计划和分部分项工程计划。（　）

四、简答题（每题5分，共25分）

1．简述概预算计算表格之间的计算关系。

2．简述预备费与回收金额及它们与概预算总金额的关系。

3．组建施工作业班组时的一般要求是什么？

4．规定工期的资源均衡的调整方法有哪些？

5．双代号网络图的节点编号要遵循哪些原则？

五、计算题（第1题5分，第2题10分，共15分）

1．已知某工程建设了临时电力电线工程，该工程2年后竣工，其中电线原价为3 500元，求该工程的回收金额是多少？（查表得回收率为30%）

2．已知某二级公路采用挖掘机挖装普通土，土方量为15 000 m^3，求：

（1）挖掘机的台班单价。

（2）查定额确定挖掘机的台班消耗量。

（3）计算土方工程的机械使用费。

综合试卷三

一、填空题（请将正确答案填在横线空白处；每空 1 分，共 20 分）

1. 网络计划的资源优化可概括为__________和__________两类问题。

2. 时标网络计划的计算工期是__________与__________所在位置的时标值之差。

3. 劳动力配备遵循：“__________、__________、__________”的原则。

4. 在施工过程中，人们通常编制的材料需要量计划，主要是针对__________进行的统筹规划，旨在节约材料，降低成本，既能盘活流动资金，又能保障供给，满足施工需要。

5. 内部运输规定主要道路宜采用双车道，宽度不小于__________m，次要道路宜采用单车道，宽度不小于__________m。

6. 工地上通常采用架空布置，距路面或建筑物不小于__________。

7. 工程造价的确定是以__________为依据编制的。

8. 公路工程材料的采购及保管费费率为__________。构件（如外购的钢桁梁、钢筋混凝土构件及加工钢材等半成品）的采购保管费率为__________。商品混凝土预算价格的计算方法与材料相同，其采购保管费率为__________。

9. 施工机械使用费是指列入概、预算定额的施工机械台班量按相应机械台班费用定额计算的__________、__________。

10. 设备购置费是指为满足公路的运营、管理、养护需要，购置的达到____________和__________固定资产标准但属于__________的设备的费用。

二、选择题（请在下列选项中选择一个正确答案填在括号内；每题 2 分，共 30 分）

1. “三通”不包括（　　）。

A. 路通　　B. 水通　　C. 电通　　D. 暖通

2. 不属于施工方案编制原则的是（　　）。

A. 编制施工方案应满足业主的工期要求　　B. 施工方案应切实可行

C. 确保生产安全　　D. 保护生态环境

3. 路基填方，最基本的施工方法是（　　）。

A. 水平分层填筑法　　B. 水平填筑法

C. 分层填筑法　　D. 回填夯实法

4. 施工现场设消防泵房，24 h 有人值班，竖管每隔（　　）层设一出水口，配套齐全。

A. 1　　B. 2　　C. 3　　D. 4

5. 施工现场消防栓、灭火器材四周（　　）m 之内不准堆放物品，不得埋压圈占或挪作他用。

A. 1　　B. 2　　C. 3　　D. 4

6. 某分部工程的双代号网络图如下图所示，错误之处是（　　）。

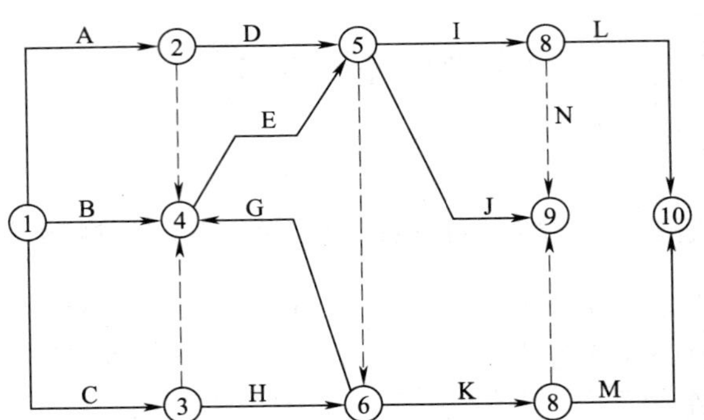

A. 节点编号不对　　B. 有多余虚工作

C. 存在循环回路　　D. 有多个起点节点

7. 已知某工程双代号网络图如下图，由 A、B、C、D、E 五项工作组成，则 E 工作的紧前工作为（　　）。

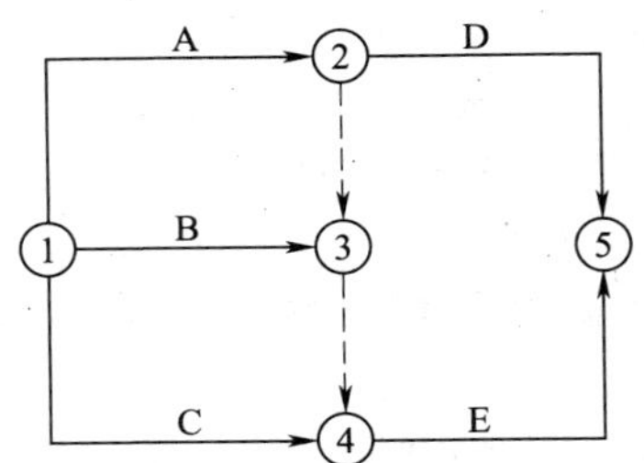

A. 工作 A、工作 B　　B. 工作 B、工作 C

C. 工作 A、工作 C　　D. 工作 C、工作 D

8. 在双代号网络计划中，如果生产性工作 M 和 N 之间的先后顺序关系属于工艺关系，则说明它们的先后顺序是由（　　）决定的。

A. 劳动力调配　　B. 原材料供应　　C. 工艺过程　　D. 资金需求

9. 已知在双代号网络计划中，某工作有四项紧后工作，它们的最迟开始时间分别为 17 天、20 天、22 天和 25 天。如果该工作的持续时间为 6 天，则其最迟开始时间为（　　）天。

A. 11　　B. 14　　C. 16　　D. 19

10. 产品单位为 1 000 m^3天然密实土，则时间定额为 1.29 台班/1 000 m^3，产量定额应为（　　）。

A. 775.19 m^3/台班　　B. 810 m^3/台班

C. 756 m^3/台班　　D. 都不是

11. 建筑安装工程造价中的税金项未计入的税项有（　　）。

A. 固定资产投资方向调节税　　B. 城乡维护建设税

C. 营业税　　D. 教育费附加

12. 为保证公路建设项目筹建和建设工程工作正常进行所需办公设备、生活家具的购置费，按规定应计入（　　）。

A. 设备、工具、器具及家具购置费　　B. 建设单位管理费

C. 工程监理费　　D. 施工机构迁移费

13. 按我国现行规定，建设项目管理没有包括（　　）。

A. 建设单位管理费　　B. 工程定额测定费

C. 标底编制费　　D. 工程监督费

14. 公路工程中的企业管理费不包括（　　）。

A. 基本费用　　B. 职工探亲路费

C. 工地转移费　　D. 职工取暖补贴

15. 办公和生活用家具购置费没有包括（　　）。

A. 行政、生产部门的办公室、会议室

B. 资料档案室、阅览室

C. 单身宿舍及生活福利设施等的家具、用具

D. 临时设施

三、判断题（判断正误并在括号内填"√"或"×"，每题 0.5 分，共 10 分）

1. 公路工程类型多种多样，标准化难度大，必须个别设计，施工组织也需个别进行。相同技术等级的公路，可采用同样的施工组织。（　　）

2. 施工预算是根据施工图样、施工组织设计或施工方案、施工定额等文件进行编制的。（　　）

3. 针对同样的施工项目，选择不同的施工方式组织生产，其作业周期一样。（　　）

4. 一个工作用一条箭线和两个节点表示，常有实工作和虚工作两种。（　　）

5. 如果工作进度安排不恰当，就会在计划的某些阶段出现对资源需求的"高峰"，而在另一些阶段出现对资源需求的"低谷"。这种资源的不均衡，会造成资源供应不足或资源供应过剩，同时会给工程组织和管理带来许多麻烦。资源优化的目的就是为了解决这些问题。（　　）

6. 配套机械的技术规格应满足工程的技术标准要求；配套机械必须具有良好的工作性能和具有足够的可靠性；应尽量采用同厂家或品牌的配套机械，以保证最佳匹配和便于维修保养。（　　）

7. 计算材料需要量主要是根据完成的工程量和所选用材料消耗定额进行的。在编制竞标性施工组织设计时，要根据标书上指定材料消耗标准进行材料需要量计算。（　　）

8. "招标控制价"是在工程招标发包过程中，由投标人根据有关计价规定计算的工程造价，其作用是投标人用于对招标工程投标的最高限价。（　　）

9. 施工措施工程量（辅助工程量）和临时工程量由设计图样给出。（　　）

10. 预算定额是在概算定额的基础上，按照国家的方针、政策编制的，经过国家或授权机关批准的、具有权威性的一种指标性文件。（　　）

11. 定额表是各种定额的最基本的组成部分，是定额指标数量的具体表示。（　　）

12. 自采材料的原价（如自采的沙、石、黏土等材料），按预算定额（材料采集及加工）中开采单价加辅助生产间接费和矿产资源税（如有）计算。（ ）

13. 公路工程概算是控制施工图设计和施工图预算的依据。（ ）

14. 公路工程中的水、电费及因场地狭小等特殊情况而发生的材料二次搬运等其他工程费在概预算计算过程中需要另行计算。（ ）

15. 室内管道及设备安装工程不计雨季施工增加费。（ ）

16. 临时设施费是指施工企业为进行建筑安装工程施工所必需的生活和生产用的临时建筑物、构筑物和其他临时设施及其标准化的费用等，还包括概预算定额中的临时工程在内。（ ）

17. 设计文件编制至工程完工在一年以内的工程，不计算价差预备费。（ ）

18. 基本预备费是指在初步设计和概算中难以预估的工程费用。（ ）

19. 总金额是由第一、第二、第三部分费用求和减去预备费和回收金额。（ ）

20. 其他工程费 = 其他工程费Ⅰ + 其他工程费Ⅱ = 直接工程费 × 其他工程费综合费率Ⅰ +（人工费 + 施工机械使用费）× 其他工程费综合费率Ⅱ。（ ）

四、简答题（每题 5 分，共 30 分）

1. 施工组织与概预算在公路工程基本建设中有哪些作用?

2. 选择施工方法的基本原则是什么?

3. 影响施工进度的主要因素有哪些？

4. 劳动力需要量计划的原则是什么？

5. 简述利用概预算项目表进行工程项目划分的规定。

6. 简述单位工程施工平面图的设计内容。

五、计算题（每题 5 分，共 10 分）

1. 某工程用 42.5 级袋装水泥，供应价为 350 元/t，自供应地点采用汽车运输，运距为 20 km，运价率为 0.5 元/t·km，装卸费为 4 元/t。求水泥预算单价。（袋装水泥毛重系数为 1.01，场外运输损耗率为 1%，采购及保管费率为 2.5%）

2. 已知某市某公立工程预算费用如下：人工总费用为 7.2 万元，直接工程费为 78.35 万元，利润率为 7%，其他工程费率为 10%（无行车干扰增加费），规费费率为 35%，企业管理费费率为 5%，综合税率为 3.41%，求建筑安装工程费为多少？

综合试卷四

一、填空题（请将正确答案填在横线空白处；每空1分，共20分）

1．定额是指在__________的施工条件下，为完成一定量__________所规定的人力、物力、资金等消耗量的__________。

2．公路工程定额按生产因素分类可分为__________、__________、__________。

3．办公和生活用家具购置费是指为保证新建、改建项目初期正常生产、使用和管理所__________的办公和生活用__________的费用。

4．生活基地应设在场外，距工地__________为宜。

5．施工方案的完成必须有__________，在型号、功率、容积、长度等方面要达到施工方案的要求，否则就会降低工程进度，影响工程质量，甚至损耗机器。

6．在节点计算法中，节点的时间参数只有节点的__________和__________。

7．当计划工期等于计算工期时，关键工作的自由时差为__________。

8．网络计划优化目标包括__________目标、__________目标和__________目标等。

9．公路施工具有__________、__________、__________，以及受外界干扰和自然因素影响等特点。

10．机械在使用过程中总是会消耗、损耗机件，在所有施工工期范围内，机械不可能__________，而在机械施工中，要求机械满负荷运转，只有经常维修和保养，才能达到施工的要求，以保证施工组织计划的顺利实施。

二、选择题（请在下列选项中选择一个正确答案填在括号内；每题2分，共30分）

1．预算定额总说明阐述的主要内容不包括（　　）。

A．定额的编制原则　　B．指导思想、编制依据

C．适用范围以及定额的作用　　D．计算规则

2．时间定额以工日为单位，每个工日除潜水工作按6 h、隧道工作按7 h计算外，其余均为（　　）h。

A．8　　B．5　　C．9　　D．6.5

3．产量定额是指在技术条件正常、生产工具使用合理和劳动组织正常的条件下，工人在单位时间内完成（　　）的数量。

A．产品　　B．合格产品　　C．材料　　D．资金

4．材料定额也可称材料消耗定额。它是指在节约和合理使用材料的条件下，生产单位合格品所必须消耗的一定品种规格的（　　）、半成品、配件、构件等的数量标准。

A．材料　　B．设备　　C．电器　　D．机械

5．某材料原价为300元/t，运杂费为12元/t，场外运输损耗率为1.5%，采购及保管

费率为2.5%，则该材料预算价格为（　　）元/t。

A. 324.60　　B. 335.79　　C. 312　　D. 279

6. 机械台班预算单价的可变费用应包括（　　）。

A. 机械购置费　　B. 行车干扰增加费

C. 机械燃料动力费　　D. 机械进出场费

7. 材料的采购与保管人员的工资、福利、差旅交通费用应计入（　　）。

A. 材料消耗定额　　B. 运杂费内

C. 人工费　　D. 材料预算单价

8. 按我国现行规定，施工现场的排污费用属于（　　）。

A. 其他直接费　　B. 直接费　　C. 现场经费　　D. 间接费

9. 安全及文明施工措施费是指工程施工期间所发生的费用，其中没有包括（　　）。

A. 安全生产　　B. 文明施工

C. 职工健康生活　　D. 职工教育

10. 下列各项费用中，以人工费和机械使用费之和为计算基数的是（　　）。

A. 夜间施工增加费　　B. 雨季施工增加费

C. 安全及文明施工措施费　　D. 行车干扰工程施工增加费

11. 设备购置费中未包括的设备是（　　）。

A. 渡口设备，隧道照明、消防、通风的动力设备

B. 高等级公路的收费、监控、通信、供电设备

C. 养护用的机械、设备

D. 实验用的工具、器具

12. 编制单位工程施工平面图时，首先确定（　　）位置。

A. 仓库　　B. 起重设施　　C. 办公楼　　D. 道路

13. 配备劳动力时，应保持紧前紧后工序在施工能力上的比例关系，即紧后工序的生产能力一般应大于紧前工序（　　），使各工序的总工效相等。

A. 5% ~10%　　B. 15% ~20%　　C. 25% ~30%　　D. 35% ~40%

14. 某工作有3项紧后工作，其持续时间分别为4天、5天、6天；其最迟完成时间分别为18天、16天、14天，本工作的最迟完成时间是（　　）天。

A. 14　　B. 11　　C. 8　　D. 10

15. 已知某工作i—j的持续时间为5天，i节点的最早时间为19天，最迟时间为22天，则该工作的最早完成的时间为（　　）天。

A. 18　　B. 22　　C. 24　　D. 39

三、判断题（判断正误并在括号内填“√”或“×”；每题0.5分，共10分）

1. 公路工程施工组织与概预算就是要统筹考虑整个施工过程，对人力、材料、机械、资金、施工方法、施工现场（空间）等要素进行分配。（　　）

2. 施工机械经济性选择的基础是施工单价，主要和机械固定资产消耗及运行费等因素有关。（　　）

3. 制定施工安全技术组织措施应遵循“消除、预防、减少、隔离、个体保护”的

原则。 ( )

4. 相对于流水作业法，平行作业法是一种比较科学的施工组织方法，它建立在合理分工、紧密协作和大批量生产的基础上。 ( )

5. 关键线路在网络图中只有一条。 ( )

6. 根据施工需要，通常一个技工应有一个或几个普工辅助进行生产活动。 ( )

7. 工地上通常采用架空布置，距路面或建筑物不小于6 m。 ( )

8. 在低压线路中，电杆间距应为25 ~ 40 m，分支线及引入线均应由电杆处接出，不得由两杆之间接线。 ( )

9. 设计工程量是在公路工程设计文件中列出的各分项工程的工程量，由列在设计图样前面的工程数量表定义。 ( )

10. 施工定额的定额水平高于预算定额和概算定额。 ( )

11. 人工预算单价（人工工日单价）是指一个建筑安装生产工人一个工作日在预算中应计入的全部人工费用。 ( )

12. 公路工程概算是考核建设项目投资效果的依据。 ( )

13. 机械土方是指机械施工的路基、改河等土方工程，以及机械施工的砍树、挖根、除草等工程项目。 ( )

14. 技术复杂大桥是指单孔跨径在120 m以上（含120 m）和基础水深在10 m以上（含10 m）的大桥主桥部分的基础、下部工程和上部工程。 ( )

15. 冬季施工增加费采用全年平均摊销的方法计算，即不论是否在冬季施工，均按规定的取费标准计取冬季施工增加费。 ( )

16. 工地转移距离在50 km以内的工程不计取本项费用。 ( )

17. 工程监理费是指建设单位（业主）委托具有公路工程监理资格的单位，按施工技术规范进行全面的监督和管理所发生的费用。 ( )

18. 建设期贷款利息是指建设项目中分年度使用国内贷款或国外贷款部分，在建设期内应归还的贷款利息。 ( )

19. 辅助生产间接费按人工费的4%计。 ( )

20. 利润按直接费与间接费之和（扣除规费）的6%计算。 ( )

四、简答题（每题5分，共35分）

1. 简述编制公路施工组织的步骤。

2．路桥施工组织准备工作分为哪几类？

3．流水作业法的特点是什么？

4．施工主导机械作业计划应与总进度计划的总体安排一致，在总进度计划的基础上绘制，其编制步骤是什么？

5．简述概预算的编制步骤。

6．公路工程造价的定义是什么？

7. 简述单位工程施工平面图的设计原则。

五、计算题（共 5 分）

某工程施工期间的劳动力最高人数是 150 人，加权平均人数是 130 人，求其劳动力不均衡系数。